人类群星闪耀时

十四篇历史特写

[奥] 斯蒂芬·茨威格●著
Stefan Zweig
姜乙●译

江苏凤凰文艺出版社
JIANGSU PHOENIX LITERATURE AND ART PUBLISHING

果麦文化 出品

Inhalt
目录

序言

没有哪位艺术家能全天二十四小时创作艺术。那些显赫不朽的艺术杰作往往诞生于艺术家们灵感乍现的难得瞬间。历史亦是如此。历史，这位令人赞叹的一切时代最伟大的诗人和演员，并不是位持续不断的创造者。就算在“上帝的秘密作坊”中—— 歌德曾虔敬地如此称呼历史—— 也发生着大量无关紧要和平庸乏味之事。在这里，就像在艺术和生活中一样，崇高而难忘的时刻并不多见。历史大部分时候是个编年史家。他冷漠而持久地穿针引线，将那根巨大的历经千年的链条环环相连，因为所有的巅峰时刻需要绸缪，所有非凡之事需要酝酿。一个民族，总是上百万人中才涌现出一位天才。世界总是在荒疏了漫长的无谓时光后，真正的历史性时刻，人类群星闪耀的时刻才悉数登场。

正如艺术天才一旦诞生就流芳百世，具有历史意义的时刻一旦出现，就决定了后世的进程。就像避雷针的顶端汇聚了整个电场，大量的事件总是集中在短时间内爆发。它们平日优哉游哉按部就班地行进，却在一个决定一切的时刻，一个决绝的肯定或否定的时刻，一个对众生来说，无法逆转的或早或晚的时刻，聚集在一起。

这一时刻决定了个人的生死，民族的存亡，乃至整个人类的命运。

这些充满戏剧性的巅峰时刻，这些生死攸关、超越时代的决定性时刻往往发生在某一天、某个时辰，甚至常常发生在某一分钟，尽管这样的时刻在个人命运乃至整个历史进程中都难得一遇。在此，我尝试回顾那些发生在不同年代和地域间的群星闪耀的时刻——我这样称呼这些时刻，是因为它们像群星般璀璨而不渝地照耀着暂时的黑夜。但我丝毫不会试图以编造去遮掩或渲染这些事件的外部及内部的精神实质。因为在这些被创造得十分完满的卓越时刻，历史无须任何后来的帮手。在历史作为一位真正的诗人和戏剧家存在的地方，任何作家都休想超越他。

Flucht in die Unsterblichkeit

遁入不朽

太平洋的发现（1513 年 9 月 25 日）

装备妥当的船

那是发现美洲后哥伦布的首次归来。凯旋的队伍在塞维利亚和巴塞罗那拥堵的大街上展示无数稀世珍宝。闻所未闻的红种人，见所未见的动物，噪呱斑斓的鹦鹉，笨拙的貘，即将落户欧洲的奇异植物和水果，印度的稻谷，烟草和椰子，这一切令欢庆的人群既好奇又惊羡。但国王夫妇及其大臣们却只对几口小箱子和小盒子里的黄金动心。哥伦布自新印度带回的金子不多。从土著手上换来或抢来的几件饰品，几块小金锭，一小撮抓不住的碎金—— 金粉比金子多—— 这全部赃物最多够打几百个杜卡特[1]。但哥伦布的天赋是狂热地相信那些他乐意相信的事。就像他相信，是他辉煌地开辟了通往印度的海路。他坦率又奔放地夸耀说，这些金子不过是些微不足道的样品。据他得到的可靠消息称，在那座新岛上蕴藏着无以计数的金矿。在那里，贵金属就埋在薄薄的地层下，甚至直接暴露于地面，只消一把普通的铁锹就能轻易挖出。再往南的属地则更为富庶，那里的国王们用金杯饮水。金子的价格比西班牙的铅还低廉。贪得无厌的国王夫妇

1　Dukaten，14 至 19 世纪欧洲通用金币。（本书注释均为译注）

听着，陶醉于那片崭新的俄斐[1]地。他们认不清哥伦布愚蠢的吹嘘，丝毫不怀疑他的承诺，立即装备了第二批庞大的船队。招兵买马不在话下。新俄斐地徒手刨金的传奇令整个西班牙沸腾：成百上千人蜂拥着争先恐后前往黄金国。

可这是怎样的污流！贪欲从所有城市、村庄和乡镇中奔涌而出。不仅是那些想给自家徽号盾牌镀金的老实贵族，还有大胆的冒险家和勇猛的士兵，连西班牙的下流胚和渣滓们也成群结队地涌向帕洛斯[2]和卡迪斯[3]。烙了印子的窃贼，拦路抢劫的大盗、瘪三，都想去黄金国干点儿赚钱的手艺活。欠债的想躲避追债的债主，有家的想甩掉吵闹的老婆。所有绝望潦倒的人，被警察追捕的前科犯，都报名参加船队。这些发狂的不逞之徒、乌合之众决心一夜致富，并决心为此不惜去施暴和犯罪。哥伦布的种种空谈绝好地诱使他们相信，在那些国家，只要一锹下去，就能挖出金灿灿的黄金。富人们甚至要带上仆人和牲口，以便能将大批贵金属从那里运回。一些未被舰队接纳的人被迫另想办法。粗野的冒险家们只盼赶紧去攫取金子，金子，金子！他们已开始动手装备自己的船只，哪管国王是否允许。西班牙的不安定分子和危险的歹徒们也趁乱一举获得自由。

埃斯帕诺拉[4]总督惊恐地看着这些不速之客拥向他管辖的岛

---

1 Ophir，《塔纳赫》和《旧约》中传说的黄金地。

2 Palos，西班牙东部港口。

3 Cadiz，西班牙南部港口。

4 Española，今海地岛，包括多米尼加或海地。

屿。年复一年，船只不仅运来新货，也运来无法无天的野蛮人。同时，这些登岛之人也倍感痛苦失望—— 岛上根本没有随处可见的黄金。于是他们洗劫当地可怜的土著，直至从他们身上再也榨不出一粒黄金。这群乌合之众游手好闲，劫掠成性，使得不幸的印第安人整日担惊受怕，总督也惴惴不安。为了能让这群人去垦荒，总督想尽办法。分土地，分牲口，甚至慷慨地送给他们“牲口人”—— 每人配给六十至七十名印第安人做奴隶也无济于事。这些人，无论是当年的贵族骑士还是江洋大盗，都对农事缺乏兴致。他们飘洋过海可不是为了来这里种庄稼和喂牲口。他们从不关心播种和收获，只顾虐待苦命的印第安人。几年后，他们灭绝了当地人，沉沦于赌窟。不久，他们中的不少人就债台高筑，不得不变卖财产，甚至当掉大衣、帽子和仅有的衬衫，直至被商人和高利贷主追捕。

1510 年，对于埃斯帕诺拉岛上这些失魂落魄的人来说，受人尊敬的法学家马丁·费尔南德斯·德·恩西索“学士”装备船只，准备带领全新人马去挽救他的殖民地这一消息，无疑令他们欢欣鼓舞。1509 年，两位著名的冒险家，阿隆索·德·奥赫达和迭戈·德·尼奎撒，从费迪南国王处获得特赦，在巴拿马海峡附近和委内瑞拉沿岸建立了殖民地，并草率地称其为“卡斯蒂利亚[1]黄金岛”。这一响亮的称呼，夸张的编造，令天真的法学家

1　Castilia，西班牙历史上卡斯蒂利亚王国国名。

心驰神往。他将全部家当投资到这片殖民地上。但在乌拉巴海湾[1]新开辟的圣塞巴斯蒂安[2]殖民地却没有黄金，只有刺耳的呼救声。一半殖民者在同土著的搏斗中遇难，另一半则陷入饥荒。于是为挽救投资，恩西索决定用所剩不多的财产装备一艘船，组建援助队。埃斯帕诺拉岛上落魄的人们听到恩西索要征兵的消息，都想利用这一机会逃走，远离债主和总督严厉的督察！但债主们自有办法。他们察觉到债务人准备溜之大吉，便哀求总督，没有总督的允许谁也别想离岛。总督满足了他们的心愿。他出台了极为严苛的监视措施：恩西索的大船必须泊在港口之外，而总督府的小船则四处巡逻，以阻止未经许可的人溜到大船上。这样一来，这些潦倒的人，这些不怕死，却只怕老实干活，怕背负债务的人，不得不凄苦绝望地目送恩西索的船丢下他们，扬帆起航，踏上冒险征程。

藏在箱子里的人

恩西索的船张满风帆，从埃斯帕诺拉岛驶向美洲大陆。岛的轮廓逐渐消失在幽蓝的地平线下。起初十分平静，航行无任何异常，直到那只壮实的猎狗——因它是名品波塞力克的后代而成为

1　Golfo de Uraba，今哥伦比亚西北部。

2　San Sebastian，靠近乌拉巴海湾。

名品莱昂西科—— 不安地紧贴甲板到处嗅着奔跑。没人知道它归谁所有，如何上了船。最引人注目的是，这只猎狗最终驻足在一口最后一天被人搬上船的巨大食品箱旁。看！这口箱子出乎意料地自行打开，从箱子里蹿出一个大约三十五岁的男人。他全副武装，刀剑、盔甲、盾牌一应俱全，活像卡斯蒂利亚城的圣地亚哥神[1]。他是巴斯克·努涅斯·德·巴尔沃亚。他以这种方式，首次证明了他过人的勇莽和狡黠。他出生于赫雷斯·德·洛斯·卡巴耶诺斯的一个贵族家庭，曾作为普通士兵随罗德里戈·德·巴斯蒂达斯[2]向新世界驶航，经过数次迷航后登陆埃斯帕诺拉岛。总督曾徒劳地试图栽培巴尔沃亚成为一名英雄垦殖者，但数月后，巴尔沃亚却弃置了分给他的土地并因此破产。对付债主们，他虽然无计可施，但当其他负债人站在岸边攥紧拳头，眼睁睁地望着总督府的小船迫使他们无法登上恩西索的大船时，巴尔沃亚却大胆地避开总督迭戈·哥伦布[3]的监控，藏在一口装食品的空箱子里，被一群帮凶抬上了船。正要起航的大船嘈杂混乱，没有人注意到他这个放肆的伎俩。直到他认定船已远离海岸线，不会为了他而返航时，这位偷渡者才从箱子里爬出来。现在，他亮相了。

恩西索“学士”是位懂法之人。像大多数法学家一样，他缺乏浪漫。作为新殖民地的总督和警长，他绝不想忍受吃白食的人

1　Santiago，收复失地运动和 16 世纪征服殖民地时期西班牙保护神。

2　Rodrigo de Bastidas，西班牙航海家。巴拿马地峡的发现者。

3　Diego Kolumbus，克里斯托夫·哥伦布的第一个儿子。

和黑户。他严厉地对巴尔沃亚说，他不会带着他。他会把他搁在下一个经过的岛上，无论那个岛上有无人烟。

可实情并非如此。在驶向卡斯蒂利亚的途中，这艘船遇见了另一艘船—— 这简直是个奇迹。在这片不为人知的海域，只有几艘熟识的船只往来。船上人满为患，领头的弗朗西斯科·皮萨罗即将扬名世界。他的队伍来自恩西索的殖民地，圣塞巴斯蒂安。起初，恩西索以为船上是些玩忽职守的暴徒，但这些人解释说：圣塞巴斯蒂安已不复存在。他们是最后离开那里的人。司令官奥耶达早已驾船逃跑，只留下两艘小帆船。为了挤上这两艘帆船，他们一直耗到死掉七十人后才动身。其中一艘船随后遇难。皮萨罗率领的这三十四人是卡斯蒂利亚最后的幸存者。那么现在该驶向何方？恩西索的人听完皮萨罗的叙述后，已全无兴趣到那片潮湿的沼泽荒地去遭受土著的毒箭。看上去，他们唯一的出路是回到埃斯帕诺拉岛。就在这生死攸关的瞬间，巴尔沃亚突然站了出来。他说，他同罗德里戈·德·巴斯蒂达斯首次出海时就熟悉了整个中美洲海岸。他记得，他们当时发现了一个名叫达连[1]的地方，位于一条河畔，这条河里富含黄金。当地土著十分友好。大家应该去那里建立新殖民地，而不是返回那不幸的来处。马上，所有人都赞同巴尔沃亚的提议。他们按照他的指示，驶向巴拿马地峡的达连。在那里，他们先是屠杀土著，接着又在抢来的财产中发现了黄金。最后，这群暴徒在此安居，并感激地称这座新城

1 Darién，今加勒比海最南部达连湾附近。

为“圣玛利亚·德·拉·安蒂瓜·德·达连[1]”。

危险的晋升

不幸的殖民地投资人恩西索“学士”不久就为自己当初没能及时将那口箱子及巴尔沃亚一道扔进海里而追悔莫及。因为数周后，这个放肆的家伙就把一切权力篡夺到自己手上。作为法学家，恩西索在纪律与秩序的理念中长大，虽然是否能够成为该地总督尚未明朗，但他试图以长官的身份治理这片殖民地，以符合西班牙王室的利益。他在简陋的印第安茅舍内严明廉洁地签发诏书，如同坐在他塞维利亚的律师办公室。在这片荒蛮之地，他禁止士兵们向土著勒索黄金，因为那是朝廷的特权。他试图迫使这群放荡之人遵守秩序和法律，但冒险家们信服的是真刀实剑，对舞文弄墨之流根本不屑一顾。很快，巴尔沃亚就成了这片殖民地真正的主人。恩西索为了保命不得不逃跑。而受国王委任，前来依法治理这片土地的可怜的新总督尼索萨，甚至还没登岸，就在这片国王册封给他的土地上，被巴尔沃亚撵了回去，并在回去的路上溺水身亡。

巴尔沃亚，这个从箱子里爬出来的人，现在成了这片殖民地的主人。但是成功并未让他感到惬意。他公开违抗国王命令，获

1　Santa Maria de la Antigua del Darién。

得赦免的希望渺茫。更别说国王指派的总督因他的罪行而丧命。他知道，恩西索正逃往西班牙，在去指控他的路上。他的造反行径早晚有一天会受到法庭的裁决。不过西班牙毕竟十分遥远，在一条船穿越大洋再返回期间，他有大把的时间。他要以他的勇猛和机智来寻找物资，以便尽可能长久地稳固他篡夺的权力。他清楚，在那个时代，成功可以洗刷一切罪行，而向王室缴纳大量黄金，则会让任何刑事诉讼不了了之或缓期执行。因此必须先得到黄金。黄金就是权力！和皮萨罗一道，他奴役并劫掠附近的土著。在此期间，他在一次惯常的屠杀中赢得了关键性胜利。那次，他粗暴地违背了为客之道，偷袭了一位名叫卡雷塔的酋长并决定将之处决。这时，酋长建议他，最好不要与印第安人为敌，而应当和自己的部族结为联盟。为表忠心，酋长愿将自己的女儿作为信物奉献给他。巴尔沃亚马上意识到，有一位可靠又有权势的土著朋友十分重要。他接受了卡雷塔的建议。而最让人吃惊的是，他一直温柔地对待这位印第安姑娘，直到他生命的尽头。和卡雷塔酋长携手，他征服了毗邻的全部印第安人，并在他们中树立了威信，以至于最有势力的酋长柯马格莱最终也毕恭毕敬地邀请他去做客。

拜访有权势的酋长，成为巴尔沃亚人生中具有世界历史意义的转折点。迄今为止，他还只不过是个胆大妄为、反叛王室的暴徒，是个必定要上绞架，或接受卡斯提[1]法庭审判的罪犯。在柯马

---

1 Kastillien，西班牙的一个省。

格莱宽敞的石房子里，他受到款待。柯马格莱的富有让他瞠目结舌。不等他索要，柯马格莱就主动送给来宾四千盎司的黄金。而就在这一刻，瞠目结舌的人换成了柯马格莱。这些他以崇高敬意款待的天朝之子，这些宛如神灵般威猛的外乡人，在瞥见金子的瞬间尊严扫地！他们像一群挣脱锁链的恶狗般大动干戈，扑向彼此。他们拳脚相加，相互谩骂、咆哮，每个人都拼命争夺属于自己的黄金。酋长吃惊而轻蔑地看着这场厮杀：尘世间说到底总是自然之子们诧异于文化人的作为。一捧黄色金属在文化人眼中，竟然比他们在文化中取得的精神和技术上的一切成就都更为珍贵。

终于，酋长发话了。但见西班牙人贪婪地聆听着译员的翻译。柯马格莱说："太奇怪了！你们为这些不值一提的东西争执。为这些寻常的金属闹得不愉快，甚至不惜赔上性命。就在对面，翻过这座高山，是一片大海。流入大海的所有河流里都有黄金。那边有一个部族。和你们一样，他们也使用帆船或划船出海。他们的国王吃喝都用黄金器皿。你们在那里能找到这种黄色金属，要多少有多少。去那里只需几天的航行，不过路途危险，因为那些酋长肯定会阻止你们穿越他们的领地。"

这话说到了巴尔沃亚的心坎上。如今，他终于觅得多年来梦寐以求的黄金国踪迹。先行者们曾寻遍南北东西一无所获，而现在，如果酋长的话属实，前往黄金国就只需几天路程。同时，这也证实了另一片大洋的存在。这是一片哥伦布、卡博特、科莱里阿尔，所有伟大的航海家都曾徒然寻找的大洋，发现它意味着发现了环绕地球的通道。第一位见到这片新大洋的人，第一位为祖国占领这片大洋的人，他的名字将在地球上永世流芳。巴尔沃亚完全清楚，要想赎清自己的罪责，获得永久的荣耀，他必须向这片大洋进军。他要成为第一个穿过巴拿马地峡、驶向“南海”，抵达印度的人。他要为西班牙王室占领新黄金国。在柯马格莱酋长家里的这一刻，决定了他的命运。从这一刻起，他机缘巧合的冒险家生涯有了跨越时代的崇高意义。

遁入不朽

人生中最大的幸事，莫过于在富于创造力的壮年发现了自己的使命。巴尔沃亚知道，冒险的结果无非是要么死在断头台上，要么流芳百世。最首要的是贿买王室，获得和解。他的恶行、篡权，必须被追认为合法！为此，这位昨日的反叛者以殷勤臣仆的身份，向埃斯帕诺拉岛的王室财务官帕萨蒙特进献了黄金。这些黄金不仅包含王室法律规定的从柯马格莱那里得到的五分之一，比乏味的恩西索“学士”更熟稔人情世故的巴尔沃亚还自掏腰包，送给财务官一笔不小的私产，并求他证实自己曾在他的部门担任殖民地探险队总长。财务官帕萨蒙特本没有任命权，但看在金子的分上，他为巴尔沃亚签署了一份没有实际意义的临时文件。为保障各方万无一失，巴尔沃亚还同时派遣两名最可靠的亲信回到西班牙，将他向王室进献黄金这件事告诉宫中王室身边的人，并汇报他从酋长那里得来的重要消息。巴尔沃亚让人告知塞维利亚方面，他只需要一支一千人的队伍。他自告奋勇，有了这支队伍，他将超越迄今为止所有的西班牙人，为卡斯蒂利亚王国倾尽全力。他将负责发现那片新海域并最终赢得黄金国，这一哥伦布未曾实现的承诺，他，巴尔沃亚，要去兑现它。

看上去，这个失败者、反叛者和亡命徒似乎交上了好运。但是一艘打西班牙来的船却带来了坏消息。被他派回西班牙，以削弱逃跑的恩西索的控告势力，他当年的造反帮凶禀告说：事情变得很棘手，甚至危及性命。被骗的“学士”在西班牙法庭上告他篡权，法庭已宣判控告成立，且判处巴尔沃亚必须为此付出代价。看来，那个能救命的消息，也就是他已临近“南海”的消息似乎并未上达宫廷。而下一艘船必定载着司法人员抵达，执行对造反的巴尔沃亚的判决。他会被就地正法，或被锁起来押回西班牙。巴尔沃亚清楚，他输了。他的判决在他已临近“南海”和黄金海岸的消息上达前生成，而他的消息毫无疑问将被人利用。在他人头落地时，或许有人已经实现了本属于他的梦想。现在，他对西班牙不再报有任何希望。世人皆知，是他弄死了国王派来的合法总督，是他擅自赶跑了执法长官。假如判决结果是坐牢，而非上断头台，就已经对他足够仁慈。对那些有权势的朋友，他也无从指望，因为他自己已毫无权势。而他最好的说情人—— 黄金，对于赦免他的罪责来说，声音实在微弱。现在，只有一个办法能为他的放肆开罪，那就是更为放肆。如果他能在司法人员抵达前或在差役为他戴上镣铐前发现那另一片大洋和黄金国，他就能得救。在这有人居住的世界尽头，只有一种可能的逃亡方式，那就是以一种辉煌的方式逃亡，遁入不朽。

就这样，巴尔沃亚决定，与其等待他为探索陌生大洋而向西班牙王室申请的千人大军，等待法庭的审判，还不如带上少数同样下定决心的人，来一场非凡的冒险！他宁愿光荣地死在人类历史上最大胆的冒险中，也不愿耻辱地被捆绑着死在断头台上。巴尔沃亚召集了殖民者们，说明了他的计划，也绝不避讳冒险的难度。他的目的是穿越地峡。接着，他问，谁愿意跟随他。他的勇气激励了众人，一百九十名士兵，几乎是整个殖民地全部的护卫力量表示愿意随行。装备无须过多准备，因为这些人长期生活在不间断的战争中。1513 年 9 月 1 日，为了逃避绞刑或牢狱之灾，巴斯克·努涅斯·德·巴尔沃亚，英雄、强盗、冒险家和反叛者，向不朽进军。

永恒时刻

横穿巴拿马地峡的征程，从巴尔沃亚终身伴侣的父亲卡雷塔酋长管辖的小国考伊巴开始。虽然事后证实，考伊巴并非抵达巴拿马地峡最近的区域，这让巴尔沃亚和他的队伍在险路上浪费了几天时间。但对巴尔沃亚来说，更为重要的是以考伊巴作为抵达未知区域的冒险开端，岳父的印第安部落可以为补给提供便利，甚至为撤退提供安全地带。一百九十名佩戴弓箭、手执长矛的战士及彪悍骇人的猎狗，乘坐十艘独木舟，从达连抵达考伊巴。结盟的酋长还派遣了印第安人作为驮货的牲口和向导。9月6日，他们开始了横穿地峡的光荣远征。这群无畏的西班牙冒险家的意志将受到严峻考验。在令人窒息、令人疲惫虚弱的赤道灼热中，他们将穿越热病成灾的低洼沼泽。即便是几百年后修建巴拿马运河时，这片沼泽也曾让上千人送命。远征刚刚开始，他们就必须先在这条人迹罕至的路上用斧头和利剑斩断有毒的藤萝，好似穿过巨大绿色矿山的先遣队在灌木丛中为后来者开辟狭长的隧道。这群西班牙征服者一个挨一个，排成一条望不到尽头的长队。他们手持武器，全天保持警觉，以防土著的突然袭击。巨大的拱形树盖下潮湿、阴森、黑暗、憋闷。树冠之上则是无情的骄阳。这队人背着沉重的装备，口干舌燥，汗流浃背，一里一里向前跋涉。而有时又突然大雨倾盆，小溪瞬间变成湍流。他们要么必须涉水，要么必须从印第安人临时用树皮搭建的摇晃的桥上疾行。充饥的干粮不过是少量的玉米。他们穿着被荆棘刮破的衣裳，拖着受伤的双脚，两眼布满血丝；他们疲惫、焦渴，被蜇人又吸血的飞虫包围，面颊被嗡嗡的蚊子叮得红肿。不安的白日、无眠的夜晚，令他们很快筋疲力尽。第一周的远征已使大部分人过度疲劳，无法承受。而巴尔沃亚，他知道，真正的危险还在后头。他决定让患热病和掉队的人留下，只有队伍中那些出色的人才能和他一起去完成决定性的冒险。

终于，地势开始攀高。在低洼沼泽中十分繁茂的热带丛林渐渐稀疏。树荫不再保护他们，赤道的阳光炽烈而耀眼地直射在他们沉重的行囊上。这些疲惫不堪的人迈着艰难迟缓的步伐，徐徐攀爬在通向高山的斜坡上。隔开两片海洋的狭长山脉犹如石梁。而渐渐地，视野变得宽广，空气逐渐新鲜。在经历了十八天的英勇奋战后，他们似乎已经战胜了最大的困阻。耸立于眼前的是一条山脉的脊梁。据印第安向导说，在这条山脉上能俯视两片海洋——大西洋和一片不为人知、尚未命名的太平洋。可正当战胜大自然顽恶的抗阻似乎已成定局时，却又出现了新敌人。当地酋长率领数百名武士禁止这群来路不明者通行。对付印第安人，巴尔沃亚经验丰富。他只需连发轰鸣闪电的人造火炮，向土著证明他超自然的法力，受惊的土著们就会尖叫着被紧随而上的西班牙人和恶狗追得四处逃窜。但这次，巴尔沃亚却不满足于这种轻易的胜利。像所有西班牙殖民者一样，他无耻地以卑劣残忍的手段代替了角斗。他让饥饿的恶狗撕咬、吞噬那些被捆绑的手无寸铁的印第安俘虏。在即将名垂青史的前夜，这场大屠杀令巴尔沃亚一生蒙羞。

西班牙征服者的性格和行为中混杂着难以解释的特质。他们一面在炽热的灵魂深处，以在那个年代唯有基督徒才具备的虔诚呼唤上帝，一面又以上帝之名书写耻辱而灭绝人性的历史。他们一面以勇气、牺牲精神和耐受力创造着神圣的英雄业绩，一面又以不知羞耻的方式尔虞我诈。他们以卑鄙铸造尊严，铸造伟大而真正值得称颂的历史使命感。这位在头天晚上，让恶狗将那些无辜又无助的、被捆绑的俘虏生吞活剥的巴尔沃亚——或许他还曾得意地抚摸恶狗那滴着新鲜人血的嘴唇——深知自己的行为对人类历史的意义。他要在决定性时刻摆出伟大而永载史册的姿态。他知道，9月25日将载入世界历史。这位非凡的西班牙人，将以他的激情告知世界这一艰巨而不可想象的冒险。他对自身使命的超越时代的意义心知肚明。

巴尔沃亚的非凡姿态是：暴行之后的那个晚上，在一名土著指着近处的山峰告诉他，从那座高山的山顶，就能望见尚不为人知的“南海”时，巴尔沃亚立刻做出安排。他让伤员和疲惫不堪的人们留在这个被洗劫一空的村落，同时命令所有还能行军的人——共计六十七人，而他从达连出发时带领的队伍有一百九十人——去攀登那座高山。将近上午十点，他们已接近顶峰，只要再登上一个光秃秃的小山顶，就能放眼远眺无尽的天际。

这时，巴尔沃亚命令队伍止步，谁都不许跟随他。因为这一刻，这个首次瞭望不为人知的大洋的一刻，他不想与任何人分享。作为横渡这世上最大的海洋大西洋的第一位西班牙人，第一位欧洲人，第一位基督徒，他要独享这一刻。这一时刻的伟大意义他了然于胸。他左手擎旗，右手举剑，孤寂的身影被阴暗的四周包围。他稳步高攀，丝毫不急，因为他已大功告成。只剩下几步路，越来越少的几步路……终于，他真正伫立于山巅。展现在他眼前的是无垠的远方。山后边，紧挨着葱郁山坡的是一片望不到尽头的金光粼粼的大海。这就是那片海，那片新海。那片陌生的迄今只存在于梦境中而从未被人亲眼所见的大海。多年以来，哥伦布和他所有的后来者徒劳寻找的大海。这就是那片波涛拍击美洲、印度和中国的传说中的大海。巴尔沃亚贪婪而陶醉地看着，自豪感和巨大的幸福感在胸中雀跃。他的双眼中——第一双欧洲人的双眼中，倒映出这片无垠的蔚蓝大海。

巴尔沃亚长久而醉心地眺望远方，随后，他呼唤他的队伍和朋友们前来分享他的荣耀。大家激动地喘着气，叫喊着奔爬向山顶，惊诧又激动地凝视大海。随行神父彼得·安德烈亚斯·德·瓦拉唱起了赞美上帝的《谢恩经》，喧闹和欢呼的声音马上凝固下来。所有士兵、冒险家和强盗们都用他们拙劣而粗糙的嗓门儿唱起了虔诚的圣咏。印第安人惊呆了。但见这群西班牙人按照神父的旨意砍下了一棵树，做成十字架，并用大写的花体字在十字架上刻下了西班牙国王的名字。仿佛这立起的十字架伸向两侧的双臂，能将两片距离遥远得望不到尽头的大洋——大西洋和太平洋紧紧捉牢。

一片肃穆中，巴尔沃亚站了出来，向士兵们发表演说：你们做得对！确实应该感谢上帝。是上帝恩宠我们，赐予我们荣耀。我们还应当祈求他继续保佑我们去征战这片海域和这里所有的国家。如果你们愿意像现在这样继续忠诚地追随我，那么从这片新印度回去时，你们将成为西班牙最富有的人。说着，为表示但凡风吹到的地方，西班牙人都将去征服，他郑重其事地向四面八方迎风挥舞旗帜。之后他叫来文书安德烈斯·德·巴尔德拉瓦诺，要他起草一份文件，把这一庄重的时刻为后人记录下来。巴尔德拉瓦诺摊开一张装在密封的木匣里，曾和墨水瓶、羽毛笔一起穿过原始森林的羊皮纸。他要求所有贵族、骑士和士兵——“这些高尚正派的人”“这些因着陛下钦点的总督、高贵而极受尊敬的巴尔沃亚船长才得以见证南海之发现的人们”证明：“巴斯克·努涅斯·德·巴尔沃亚先生，是第一位见到这片大海的人。是他将这片大海展示在他的追随者面前。”

之后，六十七人下了山。1513 年 9 月 25 日这天，人类认识了地球上最后一片陌生的大洋。

黄金和珍珠

他们确实亲眼见到了大海。但他们还要去触摸海滩，感受潮湿的海风，品尝海水的味道，收获海滩上的战利品！下山花了他们两天时间。为了找到从山麓到海边的捷径，巴尔沃亚将他的队伍分成几组。阿隆索·马丁率领的第三组率先抵达海滩。这组探险队成员，甚至包括普通士兵，都虚荣地渴望不朽，乃至头脑简单的阿隆索·马丁赶紧命令文书白纸黑字记录证明，他是第一个被这片无名海域打湿了手脚的人，记录下他这个不起眼的人也干了一桩不朽的小事。随后他报告巴尔沃亚，他已经抵达海岸，已亲手触摸了海水。巴尔沃亚马上又焕发出新一轮的激昂志气。第二天刚好是圣米迦勒节[1]，在仅仅二十二名随从的陪同下，他出现在海滩。像圣米迦勒一样，他全副武装，完成了占领这片海

1　大约每年 9 月 29 日，纪念在基督信仰中作为魔鬼征服者的大天使圣米迦勒。

域的庄严仪式。他没有匆匆踏入海水，而是高傲得宛如海水的主人或统治者般坐在一棵大树下歇息，直至涨潮的海浪拍击他，就像温顺的狗用舌头舔他的脚。之后他站起身来，背起在阳光下光明如镜的盾牌，一手执剑，一手擎起带有圣母像的卡斯蒂利亚旗走入海水，一直走到海浪拍击到他的髋骨，才全身浸泡在这片陌生的汪洋中。从前的叛乱者和亡命徒，现在最忠实的国王的仆人和凯旋者巴尔沃亚向四方挥舞旗帜，高声喝道："至高而伟大的君主费迪南，约翰娜·冯·卡斯蒂利亚，莱昂，亚拉冈！以他们的名，为卡斯蒂利亚王室的皇冠，我要真正地、身体力行地去不断征战这里的海域、陆地、海岸、港口和岛屿！我发誓，任何君主或总督，无论他是基督徒还是异教徒，无论他拥有何种权柄，只要他胆敢征战这片土地和海洋，我都要以卡斯蒂利亚王的名义捍卫属于王室的财产，无论现在还是将来，直至世界末日，直至最后的审判来临！"

所有西班牙人都重复了这一誓言。宣誓的音量盖过了大海的咆哮。接着，他们每人都把嘴唇凑向了海水。文书安德烈斯·德·巴尔德拉瓦诺再次以如下措辞记录了这一占领仪式："这一行二十二人，包括文书安德烈斯·德·巴尔德拉瓦诺，是第一批将双脚浸入这片南海的基督徒。他们亲手触摸了海水。为了弄清这里的海水是否和别处的海水一样咸，他们中的每一位都亲口品尝了海水。当他们确认了这里的海水是咸水后，他们齐声感谢了上帝。"

现在他们已大功告成。该是从这英勇的冒险中获得实惠的时候了。他们从土著处缴获或换来了一些黄金，但更大的惊喜还在他们凯旋的路上等待他们。印第安人曾给他们带来的大捧珍珠正是来自附近的岛屿。其中一种被塞万提斯和洛佩·德·维加[1]大加赞誉，名为“佩莱格里纳”的珍珠，曾作为最美的珍珠装饰在西班牙和英国国王的王冠上。这群西班牙人把这些宝贝塞满了所有口袋，尽管在这里，珍珠并不比贝壳或沙粒值钱。当他们贪婪地继续打听他们认为地球上最重要的东西——黄金时，一名印第安酋长指向南方，山脉的线条隐约消逝在地平线上，那里，他说，有一个蕴含无穷宝藏的国家。那里的统治者使用金制的杯盘。有一种四条腿的巨大骆驼——酋长说的是美洲驼——把最珍贵的东西驮往国王的宝库。他称呼了这个国家的名字。在大海的南边，山后，一个动听又陌生的名字，听上去像是“毕鲁”。

巴尔沃亚顺着酋长伸出的手望向远方。山峦消失在天际。这个甜软而富有魅力的词“毕鲁”立即铭刻在他的灵魂深处。他怦然心动。这是他人生中第二次意外收获的伟大启示。从柯马格莱那里获得的关于征服附近的大海的启示业已成真，他已找到满是珍珠的海滩。或许他还能再次成功，去发现和征服这个地球上的黄金国——印加帝国。

1 Cervantes 和 Lope de Vega 均为西班牙作家。

诸神鲜少赐福……

巴尔沃亚充满渴望地久久凝望远方。“毕鲁”，即“秘鲁”，这一名字犹如一口金钟，摆荡在他的灵魂深处。可他现在不得不忍痛放弃远征！现在他无法继续冒险，带着少得可怜的几个疲惫不堪的人，他什么王国也无法征服。他必须先返回达连养精蓄锐，再沿着现在找到的路径去征服黄金国。回路困阻重重。这群西班牙人不得不再次穿过灌木林，再次战胜土著的突袭。他们已不再是一支战斗的队伍，而是一小队患着热病、用最后的力气蹒跚行走的人，就连濒临死亡的巴尔沃亚也不得不被几个印第安人用一张吊床抬着前进。经过四个月的艰苦行军，这支队伍终于在1514年1月19日重新抵达达连。历史上最伟大的行动之一已经完成。巴尔沃亚兑现了他的承诺，他的冒险队成员个个富足起来。连哥伦布和其他西班牙征服者，乃至一切殖民者所得到的财宝，也不及他的士兵从南海沿岸带回的财宝的一部分多。巴尔沃亚将五分之一的战利品进献了王室。至于他这位凯旋者在分配战利品时，还奖赏了自己的狗莱昂西科，以表彰它凶狠地撕咬掉那些不幸的土著的皮肉，无人对此存有非议。像其他参战者一样，莱昂西科得到五百金比索。取得这些成就之后，再也没人胆敢在这块殖民地上对巴尔沃亚作为总督的权威性存有异议。这位冒险家和叛乱者宛如神明般受人崇敬。他可以自豪地向西班牙传达这样的信息：他为卡斯蒂利亚王室创造了自哥伦布以来最伟大的业绩。他的幸运宛如冉冉升起的太阳，阳光穿越他生命中所有的阴霾，而此刻，他正如日中天。

但好景不长。几个月后，一个明媚的六月天，达连的居民们好奇地聚集在海滩上—— 在这个被世界遗忘的角落发生了一桩奇事：一艘白色帆船出现在地平线上。可是快看！第二艘白帆出现了，接着第三艘、第四艘、第五艘，不一会儿就出现了十艘帆船。不，是十五艘；不，是二十艘—— 整整一支舰队向港口驶来。他们很快明白：这一切跟巴尔沃亚的信有关。不是通报他凯旋的那封信，那封信还未送达西班牙，而是之前的信。在那封信里，巴尔沃亚第一次转述了酋长告知的关于南海周边和黄金国的情况，并请求派来千名士兵去征战那片土地。西班牙朝廷毫不迟疑地为这次远征派来强大的舰队。只是塞维利亚和巴塞罗那方面却从未想过把这一重任托付给一个像巴尔沃亚这样臭名昭著的冒险家和叛乱者。一名真正的总督，富有，出身贵族，德高望重的六十岁的佩德尔·阿里亚斯·达维拉，大家称他佩德拉里亚斯，被同时派遣而来。他将作为国王的总督在这片殖民地上建立真正的秩序，对迄今发生的一切不法行为予以审判，并找到南海，征服那预言中的黄金国。

对佩德拉里亚斯说来，情况十分棘手。他要追究叛乱者巴尔沃亚驱逐前总督的责任。如果证实他有罪，就要逮捕他，否则就需证明他无罪。此外他还肩负着找到南海的使命。但是船刚靠岸，他就立即明白，正是这个他要审判的巴尔沃亚，已经完成了那一伟大的事业。正是这个叛乱者，为西班牙朝廷做出了自发现美洲后最大的贡献并庆祝了他佩德拉里亚斯所期望的凯旋。对这样一个人，他现在当然不能像对待一个罪犯一样，把他送上断头台。他必须礼貌地问候他，真诚地祝贺他。但从这一刻起，巴尔沃亚已经输了。佩德拉里亚斯永远不会原谅这个独自完成这一本该属于他的事业的对手。这一成就带来的荣耀，必定随着岁月愈发熠熠生辉。为了不过早地激怒这里的殖民者，他必须隐藏起他对这位英雄的仇恨。对巴尔沃亚的调查必须延后，甚至为了制造和平的假象，他还要把自己在西班牙的女儿许配给巴尔沃亚。可他内心对巴尔沃亚的仇恨和嫉妒不但没有减少一丝一毫，反而不断升级。在西班牙，人们现在也终于知道了巴尔沃亚的作为，一张追加授予这位反叛者一个合适头衔的委任状已在路上。他将被称为总督，而佩德拉里亚斯将被告知，凡遇重大事件必须同巴尔沃亚商议。对于两个总督来说，这片土地还实在太小，其中一个必然要屈服于另一个，乃至最后垮台。巴尔沃亚感到事态对自己不利，因为佩德拉里亚斯手中握有军权和法权。于是他计划第二次向着不朽逃亡——第一次的尝试曾非常成功！他请求佩德拉里亚斯允许他装备一队远征军，去南海沿岸探察并征战周边的土地。不过，这个老叛乱者的私下意图却是到海对面去，摆脱所有控制，建立起一支自己的舰队并成为一片土地的主人。一旦可能，他就去征服传说中的秘鲁——新世界的黄金国。佩德拉里亚斯诡谲地同意了。如果巴尔沃亚在行动中丧命更好！如果他成功了，以后也总有时间去铲除这个贪婪之人。

就这样，巴尔沃亚又开始了遁入不朽的远征。如果历史中有成就的人总能一再获得荣光，或许这第二次行动会比第一次更为辉煌。这一次，巴尔沃亚不仅要带着他的队伍横越地峡，他还得让上千名土著拉着木头、木板、船缆、船帆、铁锚和绞盘翻山越岭，因为巴尔沃亚要在山那边建立自己的船队，以征战沿岸所有的岛屿和传奇般的秘鲁。可是这次，命运却同这个勇者作对起来，新的状况不断发生。穿越潮湿的热带丛林时，木头被腐蚀；木板在抵达后已全部腐朽，无法使用。但巴尔沃亚并未因此气馁。他命人在巴拿马海湾砍下新木头，制成新木板。他的魄力创造了真正的奇迹—— 一切看上去似乎成功了：即将行驶在太平洋上的第一支船队再次造好。可是顷刻间，竣工船只停靠的河岸却发起了洪水。船被冲走，并在海上被撞得粉碎。巴尔沃亚必须第三次重新开始造船。两艘双桅帆船建成后，只需再造两三艘，他就可以出发，去占领“皮鲁”——那个自从印第安酋长指着南方，说出这个诱人的名字后，他就朝思暮想的国度。现在，只待几位无畏的官员和一支优秀的后备队就位，他就可以去建立他的王国！现在，只需几个月时间和一点成全他英雄气概的运气，世界史上战胜印加和征服秘鲁的人将不会是皮萨罗，而是他巴尔沃亚。

然而，命运即使对待他的宠儿也并非一直慷慨。诸神仅仅吝啬地成全这位凡人实现了一项不朽的事业。

覆灭

巴尔沃亚毅然筹备着他的伟大计划。可恰恰是这些无所顾忌的成就给他带来了危险，因为佩德拉里亚斯总督那双多疑的眼睛一直不安地紧盯着这位下属的一举一动。或许是巴尔沃亚野心勃勃的千秋大梦被人告密，也或许仅仅是出于嫉妒这位反叛者即将获得第二次的成功，他突然寄给巴尔沃亚一封非常诚挚的信。他希望巴尔沃亚在开始征战前能回一次达连附近的阿克拉进行商榷。巴尔沃亚因希望获得佩德拉里亚斯的人力支援而在收到邀请后立即返回。城门外，一队兵士仿佛迎接他一般正步向他走来。他高兴地迎上去拥抱他的长官、多年的战友、发现“南海”的陪同，他信任的朋友弗朗西斯科·皮萨罗。

然而弗朗西斯科·皮萨罗紧紧地按住了他的肩膀，宣布了他的拘捕令。因为皮萨罗也渴望不朽，渴望征战黄金国，所以他或许窃喜能除掉这位放肆的先驱。总督佩德拉里亚斯开庭审判了这位所谓的叛乱者，并迅速做出了不公的判决。数天后，巴尔沃亚和他的几位最忠实的同伴被押上了断头台。刽子手铡刀一闪，人头落地。人类第一双同时见过环绕我们地球两片大洋的双眼永恒地熄灭了神采。

Die Eroberung von Byzanz

拜占庭的沦陷

（1453 年 5 月 29 日）

危在旦夕

1451 年 2 月 5 日，一位密使来到小亚细亚，向苏丹[1]穆哈德的长子，二十一岁的穆罕默德，禀报了他父亲去世的消息。善谋而果断的长子并未向大臣和幕僚们透露任何消息，就跨上他最好的马，挥舞马鞭，一气跑到了一百二十里以外的博斯普鲁斯海峡。他迅速渡海，抵达了欧洲一岸的加里波利[2]，之后才告诉他的亲信们，他父亲死了。为了尽早粉碎一切篡夺王位的企图，他纠集了一支精锐部队，来到亚得里亚堡[3]，尽管他在这里并未遭到任何异议就被公认为奥斯曼帝国的统治者。他执政后的第一个行动立刻暴露了他无情而令人生畏的魄力：为了清除潜在的嫡亲敌人，他命人将自己尚未成年的弟弟溺死在浴缸中，并立即灭了雇佣杀手的口。这充分证明了他的凶残和狡诈。

年轻、冲动而野心勃勃的穆罕默德取代了他稳重的父亲，成为土耳其人的君主，这一消息令拜占庭人惊慌失措。他们已经通

1　Sultan，埃及、土耳其等国家的统治者。

2　Gallipoli，意大利南部的港口城市。

3　Adrianopel，奥斯曼帝国首都。

过上百名密探了解到，这位野心家发誓要将拜占庭这座世界古都据为己有。他虽然涉世不深，却已经在日夜筹划如何实现这一计划。此外，所有消息还一致显示：这位土耳其新君主具备杰出的军事才干和外交才干。穆罕默德是个双面人：既虔诚又残忍，既热情又狠毒，既热爱艺术、学识渊博，能阅读拉丁文的恺撒著作或其他罗马人的传记，又野蛮而冷酷。他有着忧郁漂亮的眼睛，凌厉的鹰钩鼻。从他的外貌即可看出，他是位精力旺盛的劳作者，勇猛的战士和厚颜无耻的外交家。现在，穆罕默德身上所有危险的能量都聚集起来，用以实现一个理想：超越他的祖父巴耶塞特和他的父亲穆哈德的丰功伟绩，尽管他们曾以新土耳其帝国的军事霸权，史无前例地教训了欧洲。众所周知，穆罕默德首先要做的就是攻占拜占庭城——君士坦丁和查士丁尼[1]皇冠上最后的宝石。

这颗无助的宝石对于一个势在必行的人来说几乎唾手可得。拜占庭帝国，即东罗马帝国，当年幅员辽阔。从波斯直至阿尔卑斯山，另一方向则延至亚洲沙漠。这一原先走上几个月也无法穿越全境的世界帝国，现在只消花上三小时就能轻松地步行丈量。当年的拜占庭帝国如今悲苦得只剩下一颗没有身躯的头颅，一个没有国家的首都——君士坦丁堡，即君士坦丁堡城，老拜占庭。而即便是这个老拜占庭，也仅有一部分，即今日的斯坦布尔，属于东罗马帝国皇帝。加拉太一带归热那亚人所有，城墙之外则归

1　Konstantins 和 Justinians 均为东罗马帝国君主。

土耳其人所有。末代皇帝的帝国仅有巴掌大小。人们称之为拜占庭的，不过是环状城墙内的教堂、宫殿和屋宇。十字军的洗劫令其元气大伤，瘟疫令人口骤减，对游牧民族的连年抗击令民众力倦神疲，民族宗教纷争使得内部分崩离析。这座城市无论在人力还是斗志上，都无法依靠自己的力量战胜早已全副武装、四面挺进的敌人。末代皇帝君士坦丁十三的宝座犹如一件风中的外套，皇冠不过是命运的骰子。然而对于欧洲来说，恰恰因为拜占庭已被土耳其人团团包围，正因为它是历经千年文明的整个西方世界的圣地，它才是尊严的象征。唯有统一的基督教世界共同保卫这块东方最后的、已经崩溃的堡垒，圣索菲亚大教堂才能作为信仰的圣殿和东罗马帝国基督教最辉煌的大教堂继续屹立不倒。

尽管穆罕默德宣称和平，但君士坦丁十三认清了局面，坐卧难安。他一再向意大利、向教皇、向威尼斯和热那亚派遣使节，请求他们增援战船和士兵。但罗马和威尼斯方面均犹豫不决。因为在东西两派教会之间，一条古老的神学沟壑依然存在。希腊正教憎恨罗马公教。希腊正教牧首拒绝承认罗马教皇。虽然由于拜占庭长期面临土耳其人的威胁，两大教会已在费拉拉和佛罗伦萨的会议上决定重新统一，并保证支援拜占庭反击土耳其人，但当拜占庭面临的危难稍事缓解，希腊教会就对履行合约保持沉默。直至穆罕默德成为苏丹，事态危急，希腊正教的固执才有所松动。同时，拜占庭也向罗马请求紧急援助并做出顺从的姿态。于是，一艘配备弹药和士兵的战船向拜占庭驶来。但最先抵达的却是一艘载有罗马教皇特使的帆船。特使要贯彻两派教会的和解，并向世界隆重宣布：谁进攻拜占庭，谁就是挑战统一的基督教世界。

和解的弥撒

12月的一天，盛大的两教和解庆典仪式在神圣的索菲亚教堂内隆重举行。人们今天很难在改建后的清真寺中感知，当年由大理石、马赛克和璀璨的珠宝装点的教堂多么金碧辉煌。君士坦丁十三在国中显贵的簇拥下现身。他要以皇帝的身份，成为这一永恒的和解仪式至高无上的见证人和担保人。巨大的教堂被无数蜡烛照得通亮。人满为患。祭台上，罗马教廷的特使伊斯多鲁斯和希腊正教牧首格列高利亲如兄弟般主持着弥撒。教皇的名字第一次在这座教堂里被提起；第一次，同时以拉丁文和希腊文咏唱的虔诚圣咏缭绕在不朽的主教堂穹顶。施匹利迪翁[1]的圣体被和平的两派教士庄严地列队抬进来。东西两派的信仰看上去已经永久结合。在多年罪恶的争执后，欧洲的思想、西方的精神终于再次达成了一致。

然而在历史中，理智与和解的时刻向来短暂易逝。虔诚的共同祈祷之声仍旧响彻教堂，堂外的修士间内，渊博的修士盖纳蒂

1 Spiridion，希腊正教的圣人之一。他的纪念日是12月12日。据记载，他的尸体没有腐烂。

奥斯就在激烈地斥责那些讲拉丁语的人背叛了真正的信仰。刚刚由孱弱的理智撮合的和平统一，再次被狂热的信仰破坏。正如这位希腊修士并非真想屈尊一样，地中海另一端的朋友们也并不想提供他们许诺的援助。他们虽然派去了几艘战船和几百名士兵，但随后，他们就任由拜占庭听从命运的安排。

战争开始

正在备战的独裁者直至备战结束都在散布和平，就像穆罕默德，他在加冕典礼上接见君士坦丁皇帝的使团时，曾说过极尽友善又宽慰人心的话。他公开郑重地向真主和先知们，向天使和《古兰经》承诺：他要忠实地履行和拜占庭皇帝缔结的条约。可与此同时，这位别有用心之人就与匈牙利人和塞尔维亚人签订了一项为期三年的双边中立协议。这三年内，他要不受干扰地攻占拜占庭。在许诺和宣誓了足够的和平后，穆罕默德挑唆了一场违约的战争。

迄今为止，属于土耳其人的只有博斯普鲁斯海峡的亚细亚沿岸。拜占庭的船只仍能畅通无阻地穿过海峡驶进黑海，前往他们自己的谷仓。穆罕默德现在要切断这条通道。他无视权限，下令在欧洲一岸，鲁米里·希塞尔附近最狭长的地段，即当年波斯帝国皇帝薛西斯渡海之处建立要塞。于是一夜间，成千上万名土方工人无视条约中此处不许建工的规定，出现在欧洲海岸。对于暴君来说，条约又算得了什么？工人们为了糊口，把周围的庄稼洗劫一空。为了得到修建堡垒所需的石头，他们不仅拆毁房舍，还拆毁了久远闻名的圣米迦勒教堂。苏丹亲自领导着这一要塞的建设，昼夜兼程。拜占庭方面只能无力地看着这群人切断他们通向黑海的自由通道，玷污条约和公理。行驶在迄今仍是公海上的一支拜占庭船队已经在平静中遭到炮轰。而一次成功的示威之后，接下来的进攻即顺理成章。1452 年 8 月，穆罕默德召集了所有文武高官，公布了他要进攻和占领拜占庭的意图。随着昭告而来的是野蛮行径。传令官在整个土耳其境内四处招兵买马。1453 年 4 月 5 日，一队望不到尽头的奥斯曼帝国军队如同突发的洪水般出现在拜占庭城墙外的平原上。

走在部队前列的是骑着骏马一身戎装的苏丹。他要在吕卡斯隘口前安营扎寨。在大本营的帅旗升起前，他先命人铺上祈祷的地毯。他裸足跪倒在地毯上，面朝麦加磕了三个头。他身后是一派盛大的场面。成千上万的随从朝同一方向磕头，以同样的节奏向真主祷告，祈求真主赐予他们力量和胜利。之后苏丹站起身来：谦卑者变成挑战者，真主的仆从变成统治者和战士。他的传令兵随即敲着锣，吹着号穿过整个营地宣告：“围攻拜占庭已经开始。”

城墙和火炮

城墙现在是拜占庭唯一的依靠和力量。它是曾经辉煌的拜占庭，那个伟大而幸运的时代留下的唯一遗产。三副盔甲掩护着这座三角形城市。坚固的石头围墙，朝向土耳其内海和金角湾，守护着城市的两条斜边。另一边则筑起称为“迪奥多西城墙”的防卫墙，面向巨大的平原。历史上，君士坦丁早已预见了拜占庭日后的衰败，用大方石将城池围起。查士丁尼又扩建并加固了堡垒，而真正七公里长的防御城墙则由迪奥多西一世建成。其雄伟牢靠在今天爬满常春藤的遗骸中依旧可见一斑。这座双层乃至三层并行的城墙饰有箭垛炮口和垛墙，建有坚固的巨型方石塔楼，外围护城河。千年来，历代皇帝都曾翻修和补建。强大的“迪奥多西城墙”是牢不可破的象征。正如这座方石壁垒当年曾嘲笑过蛮族放肆的冲击和土耳其人的大举进攻一样，现在，它同样嘲笑着一切迄今发明的战争工具。撞城锤的冲击在它面前显得软弱无力，罗马式的攻城槌乃至新式野战炮和臼炮也对它无能为力。在欧洲，没有任何一座城市拥有君士坦丁堡的“狄奥多西城墙”这样坚实而良好的护卫。

穆罕默德比任何人都了解这座城墙和它的坚固。几个月来甚至几年来的不眠之夜，乃至在梦中，他都思虑着如何攻克、摧毁这座不可攻克不可摧毁的城墙。他的桌上经常摆放着图纸、量具和工事草图。他清楚城墙内外的每处丘陵、每块洼地和每条水渠。他和工程师们周密地考察着每处细节。但他们的计算结果总是令人失望：即便迄今最强力的武器，也无法摧毁狄奥多西城墙。

那么必须制造更强力的火炮！制造一种前所未见的炮头更长、射程更远、威力更猛的火炮！一种石制的，更重、更坚硬，更具摧毁力的火炮！必须发明一种全新的重炮对付这座难以接近的城墙，没有其他办法。穆罕默德决心不惜任何代价制造出这种新型进攻武器。

不惜任何代价—— 这样的决心本身就推动和激发创造力。宣战不久，就有一名男子来到苏丹面前。他是世界上最富创造才能、最有经验的铸炮高手，名叫乌尔巴斯，或奥尔巴斯，一个匈牙利人。他虽是基督徒，且刚刚还为君士坦丁皇帝效力，但是他真正期待的是能在穆罕默德手下因为自己的绝技而获得具有挑战性的任务和更高的酬劳。他宣布，如果研制火炮的经费不受限制，他能造出前所未有的巨型火炮。苏丹和任何鬼迷心窍的人一样有求必应，要多少工人给多少工人，上千车的矿砂运到亚得里亚堡。三个月后，制炮工们无休止地采用淬火密制的铸型已准备就绪，只等放入通红的铁水中浇铸。火炮研制成功了。模具中锻造冷却的炮筒之巨，乃为世界之最。第一次试发前，穆罕默德甚至先派遣传令兵提醒全城怀孕的妇女们小心为妙。随着一声可怖的巨响，炮口一道闪电，一颗巨大的石弹一下就把一堵城墙击得粉碎。马上，穆罕默德下令用这种巨型火炮装备整个炮兵团。

正如希腊记录者不无唏嘘地形容的那样，世界上第一门巨型“掷石器”似乎已经幸运地诞生。然而如何把这具庞然怪物拖过色雷斯，运到拜占庭的城墙前，却成了下一道难题。于是一场史无前例的艰难运输开始了。全体民众和整个军队花了足足两个月的时间，才将这具长脖怪兽拖出来。先是骑兵开道，以护卫这件珍宝免受任何突袭。随后是把坑洼的道路铲平，成百上千名土方工人没日没夜地挖土、运土，好让这笨重的火炮能顺利前进，哪怕经过几个月的运输后这些路又会被毁掉。五十对公牛构成的车营分为两列，套着车，就像当年将方尖塔从埃及运往罗马。金属巨炮的分量准确地分摊在每具车轮上。两百名壮汉分左右扶着因太重而晃晃悠悠的炮筒。同时，五十名车工和木匠也一刻不闲地忙活着：换木轮，上油，加固支架，搭桥。谁都看得出，庞大的运输队只能这样一步步地，极为缓慢地翻山越岭。村里的农民们聚集在村口，吃惊地看着一具具铁铸怪物，被人一再以同样的方式从眼前拖过，他们在胸前画着十字，就像看着仆从和神父们将一尊尊战神从一个国度运往另一个国度。人类的意志再次让不可能之事成为可能。二十乃至三十件巨物就这样驶向拜占庭黑色的环状城墙。重炮队从此载入战争史册。东罗马皇帝的千年城墙和新苏丹的新火炮之间的战斗即将打响。

再次的希望

巨炮缓慢而不间断地发射着，雷光四起。它以不可抵挡的力量吞噬着拜占庭的堡垒。起初每天只能发射六七枚火炮，但苏丹的战绩却总有新的进展。在尘土飞扬和乱石横飞中，每发射一次火炮，这座石铸壁垒就坍塌出一个新的缺口。尽管围城内的人们夜间用木条和亚麻布将就着塞住城墙的豁口，但城墙毕竟已不再完好坚固，无法成为战斗的壁垒。现在，墙内的八千大军忧惧于决战时刻的来临：在决战的进攻中，穆罕默德的十五万军兵定会冲破这堵千疮百孔的护城墙。情况十分危急，欧洲乃至整个基督教世界都该思考他们的承诺。城内的妇女们成群结对地带着她们的孩子，整日跪在教堂内的圣体前祈祷。士兵们则日以继夜地在所有塔楼上瞭望：在这片土耳其船只穿梭往来的马尔马拉海上，最终是否能出现教皇和威尼斯的增援舰队。

4月20日凌晨三点，信号灯终于闪了起来。人们看见了远处的战船。虽然那不是梦寐以求的基督教世界派来的强大舰队，但毕竟三艘热那亚大船外加一艘拜占庭的运粮小船已经悄然乘风前来。小船受到三艘大船的护卫，行驶在中间。所有君士坦丁堡人马上兴奋地聚集在城墙口，准备欢迎救援船队。穆罕默德也立即跨马扬鞭从他的营帐奔向停有土耳其舰队的港口。他下令，要不惜任何代价，阻止那些船只驶入拜占庭港，驶入金角湾。

于是，土耳其船队的一百五十艘小战船的千只船桨迅速在海上翻滚起来。它们装备着铁锚、掷火栓和射石机，驶向那四艘大战船。但是强劲的风吹得四艘大船远远快过携带武器的呼啸的土耳其船只。它们不紧不慢地鼓着灌满的风帆驶向金角湾的安全港口，毫不把进攻者放在眼中。从斯坦布尔到加拉太构成一条著名的铁链，一直是一片安全地带，能保护他们免遭进攻和突袭。现在四艘大船已经离目的地非常接近：城墙上的人们已能看清船上的每张面孔，男男女女们已经纷纷跪下身来，感谢上帝和圣徒们光荣的拯救。港口的铁链已被解开，叮当作响，准备迎接救援的船队。

可这时发生了恐怖的事情。风突然停了。距离能够进行救援的港口只有几次投石的距离，四艘大船却像被磁石吸住了似的死死停在了大海的中间。敌人在小船上野蛮而热烈地欢呼着，像一群暴徒般扑向这四艘宛如塔楼般纹丝不动地瘫痪在大海中的大船。大船马上被十六艘小船团团包围。小船的铁爪篙钩住了大船的两侧。为了把大船弄沉，他们用斧头拼命地砍它。一拨又一拨人顺着铁锚爬到大船上，向船帆投掷火炬和柴禾，要把大船点燃。土耳其船队的长官还下令船只冲向那艘运粮船，把它撞毁。很快，船只和运粮船就像角斗士般扭作一团。最初热那亚的水兵们因为穿戴盔甲，站在甲板上，尚能抵抗攀登上来的土耳其敌人，他们还能丢斧头、石头和希腊火把击退进攻者，但毕竟寡不敌众，他们很快败下阵来。热那亚的船队失败了。

对城墙上的几千人来说，这真是可怕的一幕！这些平日里兴奋地观赏竞技场上血腥搏击的人们，现在只能痛苦地目睹眼前这场海战。看起来，他们的人已注定失败。最多两小时，这四艘船就会屈服于海上竞技场的敌方暴徒。这些救援者白来了，纯属徒劳！君士坦丁堡城墙上绝望的希腊人虽然距离弟兄们只有一箭之遥，却只能站在城墙上攥紧拳头，以无力的愤怒叫喊着，无法帮上任何忙。一些人疯狂地为他们战斗中的朋友助威。另一些人则举手向天，呼唤基督、天使长米迦勒和几个世纪来教派中所有保护过拜占庭的圣人和僧侣的名字，祈求他们创造奇迹！正如加拉太人一样，对岸的土耳其人也以同样的热情期待着、叫喊着，祈祷自己的胜利：大海现在成了舞台。这场海战成了决斗表演。苏丹本人已疾速赶到。在他的高级军官们的簇拥下，他不顾上衣已被打湿，驱马冲进海里。他双手圈在嘴边做传声筒状，怒气冲冲地向士兵们喊话：“要不惜任何代价摧毁这些基督徒的船只！”一旦看见他的船被击退，他就挥舞着军刀呵斥并威胁他的海军司令：“如果你们不能获胜，你们就别活着回来！”

仍有四艘基督徒的船只停在海上，但战斗已接近尾声。还击土耳其战船的火弹已不再密集。连续几小时与人数是自己五十倍的敌军奋战，水兵们已精疲力竭。白天即将结束，太阳眼看着就要消逝在地平线上。船只最多还要在敌人面前赤裸裸地暴露一个时辰，尽管目前这些船尚未被土耳其人攻破，但海浪已将它们冲到加拉太的后方，土耳其人领地的岸边。惨败，惨败，惨败！

可这时意外再次发生。对拜占庭城墙上那些绝望、哀号、呼天抢地的人们来说，一阵微风的到来简直是天降奇迹。风愈刮愈大。马上，四艘大船上沉睡的风帆被风吹得又涨又圆。风，人们渴求和祈盼的风再次刮了起来！大船的船头随着猛然鼓起的风帆胜利地昂起。大船突然启动，冲出了围剿的敌船。他们自由了，得救了。在城墙上的人们兴奋的欢呼声中，第一艘船，第二艘船，第三艘船，第四艘船均驶进了安全的港口。封锁港口的铁链重新拉起，以阻挡海面上四散分布的傻眼的土耳其船队。希望的欢呼声如同彩虹般再次回响在这座阴郁而绝望的城池上空。

战舰翻山越岭

被围困的人群整整狂欢了一夜。这一夜，他们像做着有毒的甜梦一般，沉醉在幻想中，被希望冲昏了头脑。这个夜晚，他们相信，他们已经被营救，已经获得安全。他们梦想着日后每周都有新的船只和给养上岸，就像眼前这四艘船上的士兵和给养能幸运地着陆一样。欧洲没有忘记他们。他们已经在眼前的希望中看到，他们已经解围，而敌人已经气馁失败。

但穆罕默德也是个梦想家。毫无疑问，他是个有别于旁人，具备少见风格的梦想家。他懂得如何以意志实现梦想。正当那几艘大船错误地认为他们已安全地停靠在金角湾港时，穆罕默德却制订出一套非凡而大胆的新计划。在战争史上，他的这一计划足以与汉尼拔和拿破仑的计划相提并论。拜占庭就像他眼前一只得不到的金苹果：行动和进攻的重要障碍是深深凹陷的金角湾。这一盲肠形的海湾护卫着君士坦丁堡的一侧。侵入这一海湾并不可能，因为入口处，即穆罕默德承诺的中立区域，是热那亚人的聚居地加拉太，还有一条铁质警戒线，横拦着敌人的城池。他的船队无法从正面冲入海湾，只能从热那亚地区内部的水域出发，才有可能袭击基督徒的战舰。可是一支舰队如何抵达金角湾内部？难道不能在内海再造一支舰队？当然可以！只是这势必要耗上几个月的时间，而这位急切的梦想家已无法等待。

穆罕默德想出了一个绝妙的主意。他打算让他的船队从无人的外海出发，穿过岬角，抵达金角湾内港。这一令人震惊的大胆想法—— 把上百条船拖过多山的岬角地带，听起来如此荒谬而不可实现，以致拜占庭人和加拉太的热那亚人不可能想到会有这样的战略部署，就像他们之前的罗马人和他们之后的奥地利人不会想到汉尼拔和拿破仑的人马能迅速地越过阿尔卑斯山一样。按常理，船队只能航行在水面，不可能翻越高山。然而把不可能变为可能才是魔鬼般意志的真正标志。从这一标志中，人们总能认出一位嘲弄军事规则的军事天才。这些天才会在适当的时候以具有创造性的临场发挥取代循规蹈矩。于是，一场历史记载中无出其右的大规模行动开始了。穆罕默德命人悄无声息地运来无数圆木，让木匠打成滑板，以便将海中拉上来的船固定在滑板上，就像固定在活动船坞上。与此同时，上千名土方工已经开始为了运输而整平那条经过佩拉山的狭路。为了不让敌人发觉他突然间纠集了这么多工匠，苏丹命人每天夜里越过中立城加拉太，连续发射臼炮。发射这些臼炮唯一的目的是转移敌人的注意力，掩护船只翻越山地和峡谷，从一片水域进入另一片水域。正当敌人们忙着准备抵御可能来自陆路的进攻时，无数涂着厚厚油脂的圆木滚动起来。在这副巨大的滑轮上，一艘艘被无数并行的水牛和紧随其后的水兵们推动的船只越过高山。夜的帷幕一旦降临，他们便开始了奇异的迁徙。这一奇观中的奇观，正如世上一切伟大而智慧的举动一样，经过深思熟虑后悄无声息地实施：整个舰队翻越了山岭。在所有伟大的军事行动中，决定性时刻总是出其不意，而天资不凡的穆罕默德在这方面尤其具备才干。他的计划无人察觉—— “如果我的一根胡须知道了我的想法，我就拔了它”。这位天才曾如是说—— 一切都有序进行，当臼炮耀武扬威地轰炸城墙时，他的部署正在实施。4月22日晚，七十艘战船翻越山脉峡谷，穿过葡萄园、田野和森林，从一片海域抵达了另一片海域。次日清晨，拜占庭的居民以为在做梦：如同神灵派遣，一艘敌人的战船载着水兵，挂着三角旗，出现在他们以为无法接近的海湾中心。当他们还睡眼惺忪，想不通这一奇迹究竟如何发生时，军号和锣鼓已在迄今仍被保护的一侧城墙外嘶吼。隐藏着基督教战舰的整个金角湾，除了加拉太那片狭长的中立地带外，已经因为这一天才的突袭而属于苏丹和他的军队。现在，他可以毫无顾忌地带领他的军队在他的浮桥上攻占这面脆弱的城墙：之后，那些在防卫上贫瘠的其他区域即可手到擒来。苏丹的铁拳已经在牺牲者的咽喉上愈掐愈紧。

欧洲，救命！

被包围的人们清醒了。他们现在知道，即便能守住这一侧城墙，如果没有紧急增援，他们也无法长时间抵抗。八千人根本无法在千疮百孔的城墙后抵抗十五万人。难道威尼斯的长官不是郑重承诺要派遣船只增援？难道教皇对西方神圣的索菲亚大教堂即将变为异教徒的清真寺漠不关心？难道陷于内乱，因钩心斗角而四分五裂的欧洲还不明白西方文明此刻的危险处境？或许—— 被围困的人们自我安慰—— 增援舰队早已就位，只是因为人们不知情势严峻而并未出航。只要让他们知道实际状况，他们就会意识到，他们的迟疑，该为即将导致的灭亡负有多么巨大的责任！

可是该如何将险情告知威尼斯舰队？马尔马拉海已布满土耳其的船只，假如整个舰队突然一齐出动，不仅意味着冒牺牲的危险，本来就人数不多，一个顶一个的防御部队也会削弱几百兵力。于是人们决定派出一艘携带少数船员的小船去冒险。一共十二名男子将去实现这一英雄业绩——假如历史是公正的，他们的名字应该像阿尔戈船[1]上的每位船员一样名留青史，可惜他们却只能默默无闻。这艘小船的桅杆上挂起了敌人的旗帜。为了不引起敌方注意，十二名男子戴着穆斯林头巾或帽子，伪装成了土耳其人。5月3日半夜，港口的铁链被无声打开，冒险的小船轻轻滑动船桨，在夜色的掩映下驶出港口。看！小船竟奇迹般地从达达尼尔偷偷驶入爱琴海。超凡的勇气总能一如既往地麻痹敌人。穆罕默德考虑周全，唯独没想到一艘载着十二名勇士的小船居然以阿尔戈式的航行穿过了他的舰队。

但令人大失所望的是，爱琴海上没有一艘威尼斯帆船，没有任何备战的舰队。威尼斯和教皇都已将拜占庭遗忘。所有人都热衷于教会政治而对信誉和盟约毫不在意。历史中，这样的悲剧总是不断上演：在必须集中力量保卫欧洲文明时，王侯们和政府却无法放下他们微不足道的纷争。对于热那亚来说，更重要的是无视威尼斯，而不是和威尼斯联手击退敌人。而对威尼斯方面来说

1　希腊神话中的英雄们曾出战的船只。

亦是如此。海面空空如也。勇士们绝望地驾着他们可怜的小船，从一座岛屿驶向另一座岛屿。所有港口都被敌方占领，却没有一艘救援船只勇敢地行驶在战区。

该怎么办？十二位勇士中的一些人自然已经丧失了勇气。再次冒险回到君士坦丁堡意义何在？他们不可能带回希望，等待他们的不是被俘就是死亡，或许那里早已沦陷。可是无名英雄总是英勇无畏！他们中的大部分人决定返回。既然被赋予了使命，他们就必须履行。他们的任务既然是探听消息，哪怕是坏消息，他们也必须把消息带回去。于是这只孤舟再次穿过了达达尼尔、马尔马拉海和敌人的舰队。5月23日，君士坦丁堡人已经认为这艘小船失踪了，无人相信他们会返回或带回消息的二十天之后，几名城墙上的哨兵突然挥舞旗帜，他们看见一艘疾行的小船正驶向金角湾。现在，在被围困的人震耳欲聋的欢呼声中，土耳其人才惊讶地注意到这艘狡猾地挂着土耳其旗帜的行驶在他们海域的小船是敌人的船只。他们从四面八方驾船冲上去，试图在这艘船即将驶入安全地带前将它捕获。欢呼声中的拜占庭带着获救的希望认定欧洲没有忘记他们，上次驶来的几艘船只是先遣部队。不过刚刚到了晚上，糟糕的真相就传遍城池。基督教世界遗忘了拜占庭。被围困的人们孤立无援。如果不自救，他们将彻底沦陷。

总攻前夜

持续六周日以继夜的战斗令苏丹忍无可忍。他的火炮虽已摧毁多方城墙，但迄今为止的所有进攻都被敌方浴血击退。对于一名将军来说，这种情况唯有两条出路：要么放弃围攻，要么在无数次小型袭击后发起决定性总攻。穆罕默德召集了他的军官举行作战议会。他狂热的意志战胜了一切顾虑。会议决定，5月29日，他们将发起决定性的大规模总攻。苏丹以他一贯的坚毅备战。一场盛典即将隆重举行。十五万人，从将军到兵卒必须完成伊斯兰教规定的宗教礼仪：小净[1]和白天的三次祈祷。为攻占拜占庭，加强炮兵的攻势，现存的火药和弹头都已就位。整个部队将为备战分编。穆罕默德从早忙到晚一刻不闲。从金角湾到马尔马拉海，他策马沿着巨大的阵营，一个营地接着一个营地，亲自为将领鼓气，为士兵加油。穆罕默德善于揣摩他人的心理，他深知如何最好地激发这十五万人的斗志。他做出了一个可怕的承诺，并于日后以他的荣誉和耻辱完全兑现了这一承诺。他的传令官敲锣打鼓地宣布："穆罕默德以真主的名义，以穆圣和四千先知的名义发誓，以他父亲，穆哈德苏丹的亡灵和他孩子们的头颅，以他的佩剑担保：他的士兵们可以在攻陷城池后，肆无忌惮地掠夺三天。所有城墙内的一切——家具和财物、首饰和珠宝、钱币和金银、男人、女人、孩子，一切都属于得胜的士兵。而他自己则放弃所

1　穆斯林在参加礼拜前的仪式。

有这一切。他只要得到征服东罗马帝国最后堡垒的荣耀。”

听到这通野蛮的宣告后，士兵们顿时热血沸腾。他们叫喊着“真主，真主”，声音犹如咆哮的风暴，席卷了颤抖中的城池。“抢，抢！”这个字成了战斗口号，回荡在战鼓声中，随锣钹军号齐鸣。夜晚，整个营地胜似一片节庆的火海。城内的被困者心惊胆战地从城墙上看见平原和山丘上点亮了无数火炬。敌人们正在吹喇叭，吹哨子，敲锣打鼓地庆祝尚未到来的胜利，就像异教徒的祭祀仪式上，祭司们在残忍又疯狂地进献牺牲。可是到了半夜，所有的灯火却又在穆罕默德的命令下全部熄灭，千人的呐喊戛然而止。这种突如其来的肃静与漆黑，比灯火通明中的咆哮欢呼更具威慑力，更令人心惊胆寒。

圣索菲亚教堂最后的弥撒

被围困的人们无须密探和奸细的汇报就深知自己的处境。他们知道敌人的总攻令已经下达，对艰巨重任和极大危险的预感，犹如雷暴前的乌云，笼罩了整个城池。平时拉帮结派或陷于宗教纷争的居民们此刻聚集在一起—— 一派人世间唯有到了命悬一线之时才能出现的团结景象。为了一切他们有责任捍卫的信仰、伟大的历史和共同的文明，东罗马皇帝举行了一场动人的仪式。依照他的指令，所有民众，无论是东正教徒还是天主教徒，司铎还是教外人士，孩子还是老人都要参加游行。没人允许，也没人愿意留在家中。从富人到穷人都虔诚地排列成行，庄严地唱起了“求主垂怜”。他们先是绕着城中心游行，接着又经过外面的城墙游行。走在队伍前列的人群举着从教堂里请出的圣像和圣物。凡是城墙上出现裂痕的地方，他们都贴上一张圣像，就像它比尘世间的武器更能抵御那些不信上帝者的冲击。君士坦丁皇帝这时也召唤元老、显贵和司令官们，最后叮嘱了几句，鼓舞他们的士气。他虽不能像穆罕默德那样承诺给他们大量的战利品，但他却能向他们描述，如果他们赢得决战，他们将赢得全体基督徒和整个西方世界的尊敬。而如果他们屈服于那些杀人放火之徒，他们的处境将极其危险。君士坦丁和穆罕默德都知道：这一天将决定日后几个世纪的进程。

紧接着，拜占庭灭亡前欧洲历史上最令人迷醉的一幕上演了。自从基督教两大教派建立起亲如兄弟般的关系以来，世界上最神圣的基督教主教堂圣索菲亚教堂内还从未聚集过如此众多的两派教徒。皇帝的四周围绕着全体宫廷人员、贵族、希腊和罗马教会的教士，以及热那亚和威尼斯全副武装的陆兵和水兵。他们身后则跪着上千名敬畏而惊恐，口中念念有词的百姓。黑暗中，烛光卖力地同低垂的穹顶扭打着，照耀着跪在地上垂死挣扎的黑压压宛如一整具躯体的人群。这具巨大的躯体是拜占庭的灵魂，它正向着上帝祈祷。大主教提高了声音的高度和力度领诵着，唱经班随声附和。堂内再次响起西方世界神圣而永恒的声音—— 音乐。接着，皇帝打头，一个人接着一个人地走到祭台前领受天主的慰藉，直至不绝的祈祷升达天庭，在巨大的教堂内回荡。这是东罗马帝国的最后一次安魂弥撒。在这座查士丁尼建造的主教堂内，这将是最后一次基督教礼程仪式。

激动人心的仪式后，皇帝最后一次匆忙返回皇宫。他请求大臣和仆从们原谅他以往的不公之处，以及他在生活中对他们的不周。接着他骑上马，就像他最大的敌人穆罕默德此刻正在做的一样，沿着城墙从一端走到另一端，鼓舞士兵的士气。夜已深，听不见四起的人声，也听不见武器的叮当声，但城墙内的几千人却只能忐忑不安地等待着白天的来临，等待着死亡。

被遗忘的凯尔卡门

凌晨一点，苏丹发出了进攻信号。巨大的帅旗被展开，成千上万人齐声叫喊着“真主、真主”，手持武器和云梯、绳索和铁爪冲向城墙。战鼓和嘹亮的军号齐鸣，震耳欲聋的擂鼓、铜钹和笛子声，呐喊声和炮火声像暴雨来袭般汇成一片。未经训练的敢死队首先被无情地派去冲向城墙——他们赤裸的身躯在苏丹的进攻计划中显而易见，是发起总攻前用以消弱敌人力量，损耗敌人体力的人肉靶子。黑暗中，这些被驱赶的先遣队带着上百架云梯向着城墙奔跑攀爬，一波被击退后再次冲上去另一波——他们不断地向前冲着，没有退路，因为这些仅仅作为牺牲品的毫无价值的人肉靶子背后站着精锐部队。他们不停地将这些人驱赶向几乎必死的境地。城墙的护卫者们依旧保持优势，人肉冲锋队无法抵挡他们发射投掷的无数矢箭和石块，他们只是的确如穆罕默德算计的那样陷入了疲惫。身着沉重的盔甲，还得持续不断地迎战冲上来的轻装部队，不断地从一个垛口跳向另一个垛口，他们旺盛的精力在这种被动的防御中消耗殆尽。持续两小时的搏斗之后，天已渐亮，由安纳托利亚人组成的第二梯队开始发起进攻。战势愈来愈危急，安纳托利亚人都是纪律严明、训练有素的战士，他们还佩戴着网状铠甲。相比那些守在城内，东奔西跑守卫垛口的人来说，安纳托利亚人不仅在数量上占有绝对优势，事先还都得到了充分的休息。不过他们还是败下阵来。于是苏丹不得不派出最后的精锐部队—— 奥斯曼帝国的中流砥柱，土耳其近卫军。他亲自率领这支欧洲最优秀的部队，一万两千名精挑细选身体强壮的战士，齐声呐喊着向精疲力竭的敌人冲去。现在，殊死搏斗的时刻真正到来，决定性的战斗正式打响。城里的钟声全部敲响，召唤还能参战的人们都到城墙上来，甚至水兵也从船上被召集到城墙。对于城墙内的守卫者们来说，不幸的热那亚部队司令、勇敢的朱斯蒂尼亚尼被矢石击中而身负重伤，抬到船上，动摇了他们的力量。但很快，皇帝就亲自赶来抵挡危险的进攻，冲锋的云梯再次成功地被推下城墙。最危急的时刻过去了，最疯狂的进攻也被击退。拜占庭在这场殊死搏斗中似乎又获得喘息的机会。然而就在这时，一个悲剧性的变故，一个神秘莫测的瞬间，就像在历史中时常发生的那些玄妙的决定性时刻一样，决定了拜占庭的命运。

一件难以置信的事情发生了。几个土耳其人从距离真正进攻处不远的漏洞百出的外城墙冲了进来。继续往内城墙冲击，他们还没这个勇气。他们正好奇而漫无目的地在内外城墙间四处闲逛时，却突然发现了内城墙的一扇小门，人称“凯尔卡门”。这扇门不可思议地被人疏忽着大敞四开。它其实只是一道小门，平安无事时，几道大门紧锁，只有它供行人通过。它并不具备军事意义，为此前夜激动的人们似乎忘记了它的存在。这几名土耳其近卫军此刻惊奇地发现，这扇位于坚固的防御工事中的小门正惬意地向他们大敞四开。他们先是以为这一定是个陷阱，因为这样的蠢行根本不会发生。一般情况下，每一道缺口，每一扇小窗，每扇门前都堆放着上千具尸体，油烧着火，矛枪会劈头盖脸地从天而降。而此刻，这里却像礼拜天一样平静，凯尔卡门大敞着，直通市中心。无论如何，这几个土耳其人马上叫来了增援，紧接着，整支部队完全没有遭遇任何抵抗就冲进了城内。那些守卫在外墙上的人们对来自背后的袭击没有任何察觉。谁知几名士兵发现了防线后的土耳其人，竟灾难性地夸张叫喊：“城市被攻克了！”这种不切实际的谣言，在任何战场上都比大炮更具有致命的杀伤力。于是土耳其人也跟着大声欢呼起来：“城市攻克了！”——喊声粉碎了一切抵抗。雇佣兵们以为自己被出卖了，纷纷离开岗哨，想快速逃回港口，逃到船上去。君士坦丁带着几个亲信顽强地抗击入侵者，却在战乱的人群中，无人认得地被活活打死。直至第二天，人们才在一大堆尸体中看见他饰有金鹰的红靴，确认了他的死亡。东罗马帝国的最后一位皇帝，光荣地以罗马精神同他的帝国一道同归于尽。一个微小的疏忽，一扇被人遗忘的门，就这样决定了世界历史。

十字架倒下

历史有时喜欢玩弄数字。汪达尔人洗劫罗马整整一千年后，拜占庭陷入劫难。胜利者穆罕默德恐怖地兑现了他的承诺。第一次屠城后，他任由他的士兵肆无忌惮地强抢房屋、宫殿、教堂和寺院。男人、女人和孩子也成为他们的战利品。成千上万名士兵就像被魔鬼驱使着一般，争抢着在街头巷尾奔跑掳掠。他们先是冲进教堂，冲向那些黄金圣物和闪闪发光的珠宝。无论他们闯入哪里，都首先插上自己的旗帜，以便向后来者示威，此地已被人据为己有。他们不仅掳获宝石、布料、黄金和其他顺手牵羊的财物，还为苏丹掳获了宫中的女人。男人和儿童被送往奴隶市场。藏身教堂里的可怜人被鞭打着成群结队地驱赶出去。年老的没有利用价值的人和无法变卖的累赘们被残忍地屠杀。年轻人则像牲口似的被捆绑在一起拖走。大肆抢劫的同时，他们还进行了野蛮而毫无缘由的破坏。十字军当年同样恶意洗劫后残留的圣物和艺术品，被这群疯狂的胜利者砸得粉碎。昂贵的绘画被烧掉，神圣的雕像被敲碎，凝聚着千年智慧、保存着希腊思想和诗作的不朽财富—— 书籍被永久焚毁或肆意丢弃。人类将永远无法完全得知，在那个生死攸关的时刻，敞开的凯尔卡门带来了怎样的灾祸；也永远无从得知，在罗马、亚历山大和拜占庭的劫难中，人类精神世界的损失有多么巨大。

直至获胜的那天下午，大规模的杀戮结束后，穆罕默德才踏入这座被征服的城池。他神情傲慢而严肃地骑在他的骏马上，漠然经过那些被野蛮践踏的区域。他恪守承诺，没有去干扰胜利的士兵们可怕的行径。对他来说，他已赢得一切。重要的事情不是奔向战利品。他高傲地径直奔向主教堂，拜占庭那颗璀璨的明珠。五十天来，他从自己的营房，怀着渴望的心情，遥望圣索菲亚教堂耀眼而不可企及的钟形圆顶。现在，他终于可以以一位胜利者的身份，步入教堂的青铜大门。不过穆罕默德还是抑制了急迫的心情：在他将这座教堂永久地献给真主之前，他要首先感谢真主。毕恭毕敬地，苏丹跨下马背，跪在地上向真主磕头。接着他又从地上捧起了一把沙土，从自己的头顶撒下，好让自己记住，他不能因为胜利而骄矜自大，他仍旧是个凡人。向真主表达了自己的敬畏后，苏丹这才站起身来，作为真主的第一个仆人，昂首阔步走进查士丁尼大帝建造的主教堂，智慧的圣索菲亚大教堂。

苏丹好奇而细致地观察着这座神圣的教堂。它高耸的穹顶、灿烂的大理石和马赛克，精致的在黄昏的光线中闪闪发光的弧形门拱。他感到这座供人祈祷的杰出殿宇不属于他，而应当属于他的真主。他立刻让人唤来了一位伊玛目[1]，让他登上祭坛并在那里宣讲教祖穆罕默德的箴言。这位土耳其君王面朝麦加，在这座基督教主教堂内向真主，向世界的主宰者做了第一次祷告。工匠们第二天就接到任务，将这座教堂内所有过去的信仰标志全部拆除。祭坛被毁，虔诚的马赛克被粉刷上石灰，而索菲亚教堂中高

1　Imam，伊斯兰礼拜仪式的主持者。

高悬挂的十字架那伸展了千年、拥抱尘世间一切疾苦的双臂轰然倒下。

十字架倒下的巨响响彻教堂，也传到堂外遥远的远方。整个西方世界都在为这具十字架的倒下而震颤。噩耗很快传遍罗马、热那亚、威尼斯和佛罗伦萨，它像预言的惊雷般滚滚响遍法国和德国。欧洲人这才惊慌地意识到，由于他们昏庸的置若罔闻，这股难以阻挡的破坏力，竟从那座被人遗忘的不幸的凯尔卡门中闯了进来。这一暴行将上百年地遏制欧洲的势力。然而历史和人生一样，瞬间酿成的大错，即使用尽千年，也无法赎回倏然造成的损伤。

Georg Friedrich Händels Auferstehung

亨德尔的复活

（1741年8月21日）

1737年4月13日下午。布鲁克大街。乔治·弗里德里希·亨德尔的仆人正坐在居所底层的窗前干着件特别的事。他刚刚气恼地发现，储备的烟丝已经抽光。本来过两条街就能在他女友多莉的杂货店中买到新鲜的烟丝，但盛怒的主人令他担忧，不敢离开半步。音乐大师亨德尔从排练厅回来后，怒火中烧，满面通红，太阳穴暴着青筋。他用力摔上门，此刻正在踱步。仆人真切地听见楼上主人暴躁的走动声，地板咯吱作响。作为仆人，在主人发怒的日子绝不可掉以轻心，于是他只好自娱自乐，排遣无聊，比如让原本冒着漂亮蓝色烟圈的陶瓷短烟斗冒出肥皂泡。他弄了一碗肥皂水，这会儿正朝窗外的大街上吹着缤纷的肥皂泡。过往的行人停下脚步，兴致勃勃地用拐杖捅破一个个五颜六色的圆球，笑着，打着招呼。他们对布鲁克大街上这栋房子里发生的一切都不会感到惊讶。在这里，夜半时分经常传出骇人的羽管键琴声。如果那位暴躁的德国人因为女高音们唱的八分音符偏高或偏低而大发雷霆，还会传出女人们的号啕或啜泣声。长久以来，格罗夫纳广场布鲁克大街二十五号的邻居们早已把这里当成了疯人院。

仆人默默地不断吹着彩色肥皂泡。过了些时候，他的技术已明显见长。这些大理石般的圆球已被他吹得又大又薄。它们越来越轻，飘得越来越高，甚至有一个已经飘到了对面的房子。这时，一声闷响让整栋房子为之一震，仆人惊跳起来。玻璃窗当啷作响，窗帘飘飞。楼上一定是有件重物掉到了地上。仆人跳下窗台，沿着楼梯一溜烟跑去主人的工作室。

大师工作时坐的扶手椅是空的。房间是空的。正当仆人准备去卧室查看时，他看见了一动不动躺在地板上的亨德尔。他大睁着呆滞的双眼，喉咙里发出沉闷的呼噜声。仆人吓蒙了，这个魁梧的男人直挺挺地躺在地上呻吟。确切地说，他的呻吟声来自短促而衰弱的喘气。

他要死了。吓傻的仆人一边想一边跪下身来试图对昏迷的主人施救。他想把他扶起来，弄到沙发上，但这个大块头重得要命。他只好先解开他脖子上的领巾，主人的喘息立即平静下来。

这时，本是来誊抄咏叹调的大师助手克里斯托夫·施米特从楼下走上来。他也被那声闷响吓了一跳。现在两人一起把这个庞然大物架了起来——他的胳膊耷拉着像个死人——放到床上，头部垫高。“帮他把衣服脱掉。”施米特命令仆人，“我去找大夫。你给他喷水，直到他醒来。”

克里斯托夫·施米特没穿外套就跑出门去。时间紧迫。他穿过布鲁克大街跑到邦特大街，向所有傲慢地踱着方步的马车挥手，但没人搭理他这个仅穿着衬衫的喘着粗气的胖子。终于有一辆马车停了下来。钱多思公爵的车夫认出了他。施米特忘记了礼貌，二话没说就拉开车门。“亨德尔快不行了！”他朝着热爱音乐又爱戴大师的公爵喊道。后者也是亨德尔最热心的赞助人。“我必须去找大夫。”公爵立即请他上车。几匹马狠吃了几鞭。很快，他们就请出了住在弗利特大街正在忙着验尿的詹金斯大夫。轻便的双轮马车立即将他和施米特带回布鲁克大街。“他承受了太多不愉快！”助手在车上抱怨，“他们快要把他折磨死了。这些该死的歌手和阉伶[1]，这些油嘴滑舌吹毛求疵的人，简直是一群恶心的蛀虫。今年，他为了挽救剧院，已经写了四部歌剧。可其他人却忙着给宫里献殷勤，忙着和女人们周旋。尤其是那个意大利人，那个可恶的阉伶，令所有人发狂，简直是一只甜嘴的嚎叫的猴子。唉，这些人对我们的好人亨德尔都做了什么！他拿出全部积蓄，一万英镑，可这些人却拿着欠条折磨他，要逼死他。从来没有人有他这么伟大的成就，从来没有人像他这样鞠躬尽瘁。就算他是个巨人也会被毁掉。哎，多好的一个人！一个天才！”

詹金斯大夫冷静而沉默地听着。走到寓所前，他又吸了口烟并将烟斗中的烟灰磕掉。“他多大年纪？”

“五十二岁。”施米特道。

“最麻烦的年纪。他又像头牛一样拼命工作。不过他身体壮得也像头牛。好吧，看看我能为他做些什么。”

仆人端着一只碗。克里斯托夫·施米特举起了亨德尔的一条胳膊。医生划破了他的血管，热血流了出来。不久，亨德尔紧绷

1　Kastrat，17 世纪至 18 世纪去势后的歌剧演员或歌唱家。

的双唇发出叹息。他深深地呼了口气，睁开双眼。他疲惫的眼睛失去了神采。

医生包扎了他的手臂。可做的事情已经不多，他准备起身，却发现亨德尔的嘴唇在嚅动，他凑过去。声音十分微弱，就像喘气，亨德尔呼噜着："完了……我完了……没有力气……没有力气我还活个什么劲……"詹金斯大夫弯腰贴近他，发现他的一只眼睛，右眼，目光呆滞，而另一只眼睛却很灵活。他试着拉起他的右臂又撒手，右臂毫无知觉地耷拉下去。接着他又抓起左臂撒手，左臂却能保持新的姿势。现在，詹金斯完全清楚了他的病情。

施米特跟着大夫走出房间，一直跟到楼梯口。他慌张又小心地询问："他得了什么病？"

"中风。右半身瘫痪了。"

"他还，"施米特支吾着，"——他还能痊愈吗？"

詹金斯大夫默默地吸了撮鼻烟。他不喜欢这个问题。

"或许吧。什么事都有可能发生。"

"他会一直瘫痪下去吗？"

"如果不发生奇迹的话，很有可能。"

但是对大师五体投地的施米特并不罢休。

"那么他……他至少还能再工作吧？如果不创作，他根本活不下去。"

詹金斯大夫已经站在了楼梯口。

"他不可能再创作了。"他轻声说，"或许我们能保住他的命，但我们失去了这位音乐家。中风会影响大脑。”

施米特呆望着他。医生觉察到他眼中极度的绝望。

“怎么说哪，”他重复道，“如果不发生奇迹的话。不过我还没有见过奇迹发生。”

乔治·弗里德里希·亨德尔无力地生活了四个月，而力量就是他的生命。他的右半身毫无知觉。他不能走，也不能写，不能用右手敲击哪怕一个琴键。他几乎不能说话。由于身体上那道可怕的撕裂，他的嘴唇斜歪着，只能含糊地吐出几个字。当朋友们为他演奏时，一丝光芒会闪过他的右眼，接着，他沉重而失控的身躯就会像做梦的病人般颤抖起来。他想打拍子，但四肢像被冻僵般僵硬，头脑和肌肉不听使唤。这位昔日孔武有力的男人感到自己就像被无助地密闭在一座无形的坟墓中。音乐一旦停止，他的眼皮就耷拉下来，他又像具尸体般躺到了床上。詹金斯大夫为难地告知——大师恐怕已无药可医——得把他送到亚琛去，那里的温泉或许能让他好过些。

就像地表下蕴藏着神秘的温泉，亨德尔僵硬的身躯中蕴藏着不可思议的力量：他的意志力、生命力。这些力量并未被毁灭性的打击撼动，它不想让他不朽的精神熄灭在必死的肉身中。这位巨人并不认输，他还要活，还要创作。而正是这种意志战胜了自然规律，创造了奇迹。在亚琛，医生们曾严肃地告诫他，不得在热水中浸泡超过三小时，否则他的心脏将无法承受，有生命危险。但是为了求生，出于他不可遏制的恢复健康的欲望，他的意志力甘愿挑战死亡。医生们震惊地发现，亨德尔每天都在热水中泡上足足九小时。意志助长了他的力量。一周后，他已经可以磕磕绊绊地行走。两周后，他的胳膊已可以活动。意志和信念取得了巨大的胜利。为了拥抱生命，他从死亡的牢笼中挣脱出来。此时唯有大病初愈的人，才能理解他那比以往任何时候都更热烈、更难以言表的喜悦。

离开亚琛前的最后一天，彻底痊愈的亨德尔在教堂前停下脚步。他从来不是个特别虔诚的人，可是现在，他却怀着激动的心情，迈着上帝恩赐的自由步伐走向唱经台上的管风琴。他先用左手试着敲击键盘，管风琴清亮而丰满的声音立即回荡在教堂内；接着他又迟疑地抬起不愿示人、僵硬许久的右手。看！即便是这只右手，也弹奏出了银铃般悦耳的音乐。他开始慢慢演奏，在无限的遐思中心潮起伏。管风琴的轰鸣犹如一柱柱无形的方石，庄严地层层升攀，盘旋在这座天才建筑巨大的空间内，直达穹顶，又像一束声音之光，明亮非凡。台下一群无名的修女和教徒们安静地听着，他们无法想象尘世间有这样的音乐。而亨德尔则谦卑地低着头，弹啊弹……他又重新找到了上帝，找到了他和不朽交谈的语言，上帝和人类交谈的语言。他又能演奏，又能创作。此刻，他感到自己获得了新生。

“我从地狱中回来了。”乔治·弗里德里希·亨德尔挺着宽阔的胸膛，伸出有力的双臂，自豪地对伦敦的医生说。医生则不得不对这一奇迹表示震惊。以饱满的力量和痴狂的热情，痊愈的亨德尔毫不迟疑地加倍投身到创作中。原来的斗志又重新回到这个五十三岁的男人身上。他写了一部歌剧——健康的双手完美地听从他的安排—— 他写了第二部歌剧，第三部歌剧，又写了清唱剧《扫罗》《以色列人在埃及》和《诗人的冥想》。创作的欲望如同长期堵塞的泉水般喷薄而出。然而亨德尔时运不济，王后的过世中断了演出，随后又爆发了西班牙战争。广场上每天聚集着振臂高呼的民众，负债累累的剧院中却空无一人。接着又是冬天。伦敦的这个冬天异常寒冷，泰晤士河已结冰，如镜的冰面上行驶着叮当作响的雪橇。所有音乐厅在这样恶劣的天气里都大门紧锁，即便是天籁般的音乐也无法与严寒抗衡。歌手们纷纷病倒，演出一场场被取消。亨德尔的处境愈发艰难。债主上门逼债，评论家冷嘲热讽，观众则冷淡而沉默。这一切摧毁了这位绝望的勇士。一场义演虽然挽救了债务危机，但是像乞丐般谋生简直就是耻辱！亨德尔越来越封闭，越来越抑郁。或许半身不遂还要好过整个身心的觉醒！时至1740年，亨德尔已经认为自己是个受到重创的失败者，当年的荣耀已成残渣灰烬。他还在费心整理着早年的作品，也偶尔创作一些小品，但康复之初的灵感原动力已枯萎不再。这个魁梧的男人，神圣的斗士，第一次感到身心疲惫，败下阵来。第一次，他感到创作的激情，他那三十五年来征服了整个世界的创造力已经枯竭。他又一次走到了尽头。他知道，或者他以为自己知道：他已绝望地彻底走到尽头。他叹息着：假如要再次埋葬我，上帝又何必在病痛中挽救我？这样像阴魂般游荡在冰冷空洞的世间，还不如当初死掉的好。有时，他又在愤怒中画着十字，喃喃自语："主，我的上主，你为何遗弃我？"

一个失败者，绝望的人，心灰意冷，不相信自己的力量，或许也不相信上帝。那几个月，亨德尔每晚都徘徊在伦敦街头。白天，追债的拿着账单守在门口，他只好在夜幕降临后走出家门。街上的人们向他投来冷漠而蔑视的目光。有时他也考虑逃到爱尔兰，那里的人们还敬仰他的名声——啊，他们并不知道他已经彻底颓废——或者去德国，去意大利。或许他能在那里融化内心的冰封。在南部的甜风吹拂下，灵魂的荒漠或许能再次迸发旋律。不，他无法承受这种不能创作、了无生气的生活。他无法承受乔治·弗里德里希·亨德尔的失败。有时他站在教堂前，尽管他知道，圣言不会安慰他。有时他也坐在酒馆里，但酩酊大醉不会带来纯粹而神圣的创造力，劣质的烧酒只能让人呕吐。他时常站在泰晤士河的桥上，呆望夜一般漆黑的奔流河水，或许纵身一跃反而更好！只要不再承受这沉重的空虚，只要不再承受这远离上帝和人群的残酷寂寞。

他就这样一次次徘徊在深夜的街头。1741年8月21日，天气十分炎热，伦敦阴霾的天空就像遮了块烧熔的铁板。只有到了晚上，亨德尔才能出门去公园透气，在浓荫遮蔽的树荫下躲避他人的折磨。他疲惫地坐着，就像一个病入膏肓的人。他懒得说话，也不想写作，不想弹奏和思考。他厌倦一切，厌倦生活。这样活着的意义何在？他像个醉汉般沿着蓓尔美尔街和圣詹姆士街走回家，内心只有一个念头：睡觉，睡觉。什么也不想，只要休息，获得安宁，最好永不醒来。现在，布鲁克大街居所里的人们都已进入梦乡。缓慢地——哎，他多么疲惫，他被那些人逼得疲惫不堪！——他迈着沉重的步子走上楼梯。每走一步，木地板都咯咯作响。他终于进了房间，打着了点火器，点燃了书桌上的蜡烛，坐下来：他下意识地、机械地做着这一切，多年如一日。可是以前—— 他不禁哀伤地叹息—— 散步之后他总能带回一段旋律，一个母题。他总是迫不及待地赶紧记录下来，以免一觉醒来后遗忘。可是现在，桌子是空的，没有一张记谱纸。没有开始的创作，也没有结束的创作。神圣的旋盘已经冰封。他无所事事。不对，桌子上不是空的！烛火下的这个方形白色纸包不是正在发光？亨德尔拿了起来。这是个邮包，里面应该是纸稿。他迅速地拆开印封。先是一封信，一封詹尼斯的信。那位诗人，曾为《扫罗》和《以色列人在埃及》作词的诗人。他写道，他寄来他的新诗，希望音乐之神能海涵他作品的拙劣，为其插上音乐的金翅膀，穿越不朽的穹苍。亨德尔像被他反感的东西刺痛了一般跳了起来。难道这个詹尼斯是专门来羞辱他这个软弱而将死之人的吗？他撕碎了信，扔在地上，踩了几脚。“无赖！流氓！”他骂道。这个蠢货不仅刺激了他最深处灼痛的伤口，还撕裂了伤口，苦胆流出来，他的灵魂痛不欲生。他愤怒地吹灭蜡烛，踉跄着摸到卧室，栽倒在床上：泪水突然夺眶而出，整个身体在愤怒和软弱中颤抖。世界多么残酷！剥夺了他的一切，还要嘲讽他，让他饱受痛苦的折磨！他为何来戏弄他？他的心已经麻木，他已全无力气。他为何还要他创作一部作品？他的灵魂已熄灭，思想已瘫痪。他现在只能像牲口般昏睡。他只想遗忘，只想消失！一个迷失的败将只配在床上昏睡。

可他无法入睡，内心充满不祥而莫名的不安。愤怒如同咆哮的大海般激荡他的心灵。他不停地翻身，从左到右，再从右到左，愈发难以入眠。难道他不该起来查阅一下那部唱词吗？不，唱词也救不了他这个垂死的人！不，什么也无法安慰他，上帝已经把他打入深渊，他已经与生活神圣的洪流彻底隔绝！可是他心中却有一种力量在挣扎，一种隐隐的好奇心在催逼他，而他昏沉无力，无法抵御这种好奇。亨德尔起身，回到工作间，用颤抖的手再次点燃蜡烛。奇迹不是在他中风时出现过一次吗？或许上帝深知如何治愈和安慰灵魂？亨德尔将烛台挪到稿件旁。《弥赛亚》，首页写着。啊，又是清唱剧！上一部已经被剧院拒绝……他就这样在不安中翻开第一页，开始阅读。

第一句话就让他惊跳起来。“你必得安慰！”唱词以这句话开头。“你必得安慰！”——犹如魔咒——不，这不是唱词，是回答。上帝的回答。是天使为他沮丧的心捎来的天籁。“你必得安慰！”——这句抑扬顿挫的唱词唤醒了他怯懦的灵魂。一句激发创造力，富有创造力的唱词。只读到这一句，亨德尔就听见了音乐。不绝的音乐在上空盘旋，呼喊，歌唱，犹如电闪雷鸣。哦，多么幸福！音乐之门就这样敞开！他再次感受到，听到了音乐！

亨德尔的手颤抖地一页页翻着。是的，他已被唤醒，每句唱词都激发他的灵感，都以不可抗拒的力量打动他。“上主这么说！”这难道不是说给他的？只说给他的？这难道不是那只将他推倒，又悲悯地将他从地上拉起的手？“他将净化你。”——是，这不是正发生在他身上。他心中的阴霾不是已经清除？光明已闯入他的心扉，这声音之光如此晶莹而纯洁。世上还有谁能像这位住在戈布萨尔的贫穷诗人詹尼斯一样，一笔笔创作出如此激励人心的文字，难道他不是这世上唯一体恤他困境的人？“为上主献祭”—— 是，在燃烧的内心中献祭的火焰已经点燃，它冲向天空，去呼应这神圣的召唤。而下一句也是说给他的，只说给他的！“以你那有力的声音呼唤吧”—— 哦！应该以震耳欲聋的长号、呼啸的合唱和如雷般的管风琴来宣告，就像太初之道，与神同在，唤醒那些仍在黑暗中绝望摸索的人。“看，黑暗笼罩大地。”黑暗依旧笼罩大地，人仍不认识救赎的福音。可是此刻的他已获得救赎。他几乎刚刚读完就已成竹在胸，无限虔诚而感恩地呼唤“神圣的领路人，伟大的主！”已成为音乐—— 是的，就该如此颂扬神圣的上主。他指引人并实在地将和平赐予人破碎的心灵！“因为上主的天使走向他们！”是的，闪动银色羽翼的天使降临他的房间，抚慰他，拯救他。这成千上万欢呼庆祝和感谢的声音只在他一人心中歌唱，赞美：“光荣归于主！”

如同置身于巨大的风暴中，亨德尔沉醉在唱词里，疲劳消失殆尽。他从未感到自己如此有力，如此充满创作的欲望。唱词犹如温暖而醉人的阳光，不断照耀他，不断撞击他的心。充满召唤，赋予他自由！“喜乐！”—— 有如神圣的合唱回响耳畔，他不禁昂起头，张开双臂。“他是真正的救主”—— 是的，他要证明人间尚未被证明的事，他要在世间高举他的证据，如同举起一块夺目的丰碑。只有受尽苦难的人才深知喜乐。只有经历考验的人才能预知最终的宽赦。他要向世人证明他历经死亡后的复活。

读到“他曾遭鄙夷”时，亨德尔再次陷入痛苦的往事中，音乐也随之转为黑暗压抑。他们曾以为他被打败，嘲笑着将他活埋——“他们见到他，嘲笑他”“无一人给予受难者安慰”。在他无助时没人帮助他，安慰他，唯有上主赐予他力量。“他信赖上主”，他信赖上主并看见上主没有让他置身坟墓——“且不要让他的灵魂停驻在地狱”。不，上主没有放弃他的灵魂，没有将这个绝望之人留在坟墓，将这个软弱之人打入地狱。上主再次唤醒他并赋予他为世人传福的使命。“昂起你们的头”——上主宣布的伟大指令犹如发自他内心的声音！突然，他惊呆了，他看见落款处可怜的詹尼斯的手迹：“这是上主的旨意。”

他的呼吸停顿了。真理从一个偶然之人的口中宣讲出来：是上帝赐予他言辞。来自上天。“这是上主的旨意”：这句话从天而来，带着声音与恩赐！也必将抵达上天。每位创造者都有欲求和责任赞美主，称颂主。哦，要握紧这言辞，践行它，高举它，宣扬它，让它伸张并响彻整个世界。让一切存在的欢呼都围绕它，让它像上帝一般伟大。哦，这致命又倏忽的话语将通过优美的音乐和无尽的热情回归永恒！看！此处注明，那不断重复而又永不消失的声音和唱词乃是：“哈利路亚！哈利路亚！哈利路亚！”是啊！大地上所有的声音都将汇于一处：明亮的声音，深沉的声音，男人坚定的声音，女人温顺的声音，这些声音都将在“哈利路亚”中丰盈，攀升，婉转。它们将融合在一起，之后再消散在合唱的旋律中。它们将往返于声音的天梯间，与甜美的小提琴弓弦结伴，激越于锋利的号角中，在震耳欲聋的管风琴中呼号：“哈利路亚！哈利路亚！哈利路亚！”从这一词中，从感恩中，当创造出一种从大地升至全能上主的赞美的轰鸣！

泪水模糊了亨德尔的双眼，巨大的激情充满他的身心。虽然清唱剧的第三部分尚有几页仍未读完，但“哈利路亚，哈利路亚”之后，他已无法继续阅读下去。音节充满他，在他内心欢呼着，沸腾着，像熊熊烈焰般灼痛他，几乎要喷涌而出。啊！音乐在怎样冲撞他的心，跃跃欲试着要一飞归天。亨德尔迅速抓起笔，神奇而疾速地一行行记下音符。就像一艘船，狂风灌满了风帆，他无法停笔，不断向前。寂静的夜笼罩着四周，缄默的城市潮湿黯淡。但他的内心却充满光明，无声的音乐齐声轰鸣，响彻了房间的每个角落！

第二天早上，当仆人蹑手蹑脚地走进房间时，亨德尔仍坐在写字台前书写。助手克里斯托夫·施米特小心地询问是否需要帮忙誊抄时，他也只是不耐烦地嘟囔着，并不回答。于是大家都不敢再靠近他，而他则三周都没有离开过房间。有人送吃的进去，他就仓促地用左手掰几口面包，右手继续书写。他如痴如醉地写着，根本停不下来。时而他站起身来，在房中踱步，大声哼唱，打着拍子，眼中闪烁着奇异的光。如果有人同他讲话，他就会像受惊似的语无伦次。这些天里，仆人的日子实在难过。债主们来追债，歌手们来请求参加节日的康塔塔[1]演唱，信使捎信来邀请亨德尔进宫。仆人不得不一一回绝，因为哪怕只是试着和埋头工作的主人说上一句话，也会遭到他愤怒的责骂。在这些日子里，

---

1 Kantata，篇幅短小的巴洛克时期的重要声乐体裁。

乔治·弗里德里希·亨德尔不分昼夜，忘记时间，完全生活在由旋律和节奏组成的世界中，被心灵深处的风暴席卷。这神圣的湍流愈急迫，作品也就愈接近尾声。他成了自己的囚徒，只能踏着节奏的步伐丈量室内自设的地牢。他唱着，弹着羽管键琴，接着又坐下来，不停地写着，直至手指火辣辣地疼痛。有生之年，他还从未被这样的创作欲侵袭，也从未在音乐中经历过这般重负。

终于，将近三周之后——至今不可思议，也永远不可思议——9月14日，作品竣工。唱词变成了音乐。单调的文本释放出永不凋零的声响。意志的奇迹再次从燃烧的灵魂中被创造出来，就像当初从他瘫痪的肉体中创造了复活的奇迹。所有的旋律都已写好，都已创作完成，都已展翅飞翔——只是作品最后的一个词“阿门”仍未配上旋律。亨德尔要抓住这两个紧凑的音节，用它们建造升天的音梯。他要先抛出一个声部，接着让其他声部在合唱中变换。他要将这两个音节延长，再不断将它们分开，好让它们不断崭新而发光地结合在一起。神的气息注满他的激情，他在最后的音节中完成了伟大的祈祷。他要让音乐如世界般宽广而充实。这最后一个词没有放过他，他也没有放过这最后一个词。他以辉煌的赋格为“阿门”谱曲，将洪亮的“阿”作为起始的根音。像一座大教堂，发出轰隆声，丰满，直至升达天庭；不断升高，再下降，再升高，最终融入管风琴的轰鸣，而这统一的声音的威力将一次比一次高，充满天体的各个领域，一若天使合唱着这感恩的赞美诗，头顶的屋宇在这永恒的“阿门！阿门！阿门！”声中震裂欲碎！

亨德尔艰难地站起身来，羽毛笔从他手中滑落。他不知自己在哪里，什么也看不见，什么也听不见。他感到精疲力竭，不得不扶墙踉跄着行走。他已全无力气，身体倾空，意识模糊。他像个盲人般摸着墙壁向前走着，随后栽倒在床上，死人般沉沉睡去。

整个上午，仆人悄悄地打开三次门，见大师一直在睡觉。他像具苍白的石雕，一动不动，没有任何表情。中午，仆人第四次进来想把他唤醒。他大声清嗓子，大声叩门，可任何声音都传不进亨德尔的耳朵，他睡得很沉。下午，克里斯托夫·施米特来帮忙时，亨德尔仍在昏睡。施米特俯下身端详：他就像个打了胜仗却牺牲在战场上的英雄，经过可怕的战斗，疲惫而亡。只是克里斯托夫·施米特和仆人并不了解他所经历的战斗和胜利。他们感到害怕——他躺了许久，纹丝不动。他们担心他又被中风击倒。到了晚上，无论他们怎样摇晃，亨德尔还是不愿醒来——他已经整整躺了十七个小时——克里斯托夫·施米特只好再去找医生，但詹金斯不在。在这个宜人的夜晚，医生正在泰晤士河边钓鱼。施米特赶到河边，医生对这位不速之客的打扰表示不悦。直到听说亨德尔病了，他才收起渔线和渔具并回去取了外科手术的工具——很可能又要放血——这花了不少时间。终于，一驾小马车载着两人一路小跑，驶向布鲁克大街。

仆人正等在门口，向他们挥舞着手臂。“他起来了！”他隔街喊道，“正在吃饭，吃得比六个搬运工还多。半只约克夏猪肘子他吃得又猛又急，我给他斟了四品脱啤酒他还嫌不够！”

不错，亨德尔此刻正像个君王般坐在满满一桌子食物前。这一天一夜的昏睡补足了他三周的睡眠，他正以他魁梧身躯中的全部力量和食欲吃着、喝着，仿佛要将他在三周内耗尽的力气全部吃回来。他几乎没和詹金斯大夫打招呼就开始大笑起来，笑声愈来愈响亮，愈来愈夸张。施米特记起他已整整三周没见过亨德尔的一丝笑容，唯见他焦虑恼怒。现在，他天性中积聚的快乐，响亮地迸发出来，就像潮水拍打岩石，像愤怒的波涛掀起浪花——亨德尔从未笑得如此自然，在见到医生的一刻，在他感受到前所未有的幸福，在他被生的喜乐激荡之时。他高举起酒杯，挥舞着，向迎面的黑衣医生问候。“是谁叫我来的？”詹金斯惊讶地问，“他怎么了？喝了什么仙丹？突然这么生龙活虎！你们这里究竟出了什么事？”

亨德尔望着他，笑着，眼睛闪闪发光。之后他渐渐严肃起来。他缓慢地站起身，走向羽管键琴，坐下来，双手在键盘上腾空摆了摆，又转过身微妙地笑了笑，随即开始轻轻地半说半唱起宣叙调：“听着，我说出一个秘密。”—— 这是《弥赛亚》开始时诙谐的唱词。他抬起手指，在温和的空气中开始演奏。他忘记了他人和自己，被卷入这部杰作的激流。顷刻间又重新回到作品之中，唱着、弹着最后几首似乎只能在梦中存在，而如今在清醒时首次被人听到的合唱：“是，你的痛苦已死！”他感到自己被活着的热情激荡，歌声愈来愈强，愈来愈高亢，一个人的声音变成了合唱，赞美着，欢呼着，不停地演奏着，唱着，直到“阿门，阿门，阿门”！他将全部力量强烈而深沉地倾注于音乐中，震荡了整个房间。詹金斯大夫陶醉了。当亨德尔终于起身时，他才不知所措地惊叹：“天哪，这样的音乐我从未听过。你一定是神灵附体了。”

但这时亨德尔的脸色却变得深沉，即便是他自己也被这部作品和一种恩赐震惊，就像上帝在梦中灵示一般。他羞愧地转过身，轻声说，轻得几乎听不见：“我更相信是上帝的恩典。”

几个月后，两位体面的先生敲响了都柏林艾比大街一幢公寓的大门。伦敦来的尊贵客人，伟大的音乐家亨德尔在此下榻。他们恭敬地道出他们的请求：最近几个月，他们因亨德尔为爱尔兰的首都带来他的杰作而感到兴奋。在这片土地上，他们还从未听到过这样的音乐。他们又听说，亨德尔将在这里首演他的清唱剧《弥赛亚》，他们感到莫大的荣幸！亨德尔把他最新的作品首先奉献给都柏林，而不是伦敦。他们可以想见这部杰作即将获得的巨大收益。为此他们想请教以慷慨闻名的大师，他是否愿意将首演的收入捐献给他们所幸代表的一些慈善机构。

亨德尔善意地望着他们。他爱这座城市。它曾给他爱，打开他的心扉。他愿意答应，他笑着，并希望他们说出这笔收入将捐给哪些慈善机构。“救济牢狱中的犯人，”一位和善的白发先生说，“还有慈善医院里的病人们。”另一位补充道：“但是自然，这一慷慨的捐献只限于首演的收入，其余的，该归大师所有。”

可亨德尔拒绝了。“不，”他轻声说，“这部作品我分文不收。我没想过要靠它换一分钱，我也从不亏欠他人。这部作品应该永远属于病人和犯人。因为我曾是病人，是这部作品让我重获新生；我曾身陷囹圄，是这部作品挽救了我。”

两人迷惑地望着亨德尔。他们并不完全明白他说的话。随后，他们表达了谢意，鞠躬退出房间，去把这个喜讯告诉所有都柏林人。

1742年4月7日是最后一次彩排的日子。只有两个主教堂合唱团成员的一些亲属允许旁听。为了节省，费舍阿姆布勒大街的音乐厅里灯光微弱。空落的座椅上稀疏坐着些准备倾听伦敦大师新作的人们。宽敞的音乐厅内昏暗而阴冷。但很快发生了一桩奇事，合唱刚由高亢转入低鸣，散座四处的人们就情不自禁地聚在一起，渐渐形成了一片黑压压的倾听和惊叹的人群。这种前所未有的音乐冲击对于单独一人来说太过强烈，它会将人冲走，摧毁。人们越靠越近，就像要用同一颗心倾听。就像一队虔诚的教徒，欣喜地倾听扑面而来的交织的声响中不断变化声音和形式的圣言！每个人都顺服在这种不可抗拒的强大力量和极乐中，被震摄，被袭卷。喜乐笼罩着他们，又渗透了每个人的身心。当“哈利路亚”第一次雷鸣般唱响时，一个人一跃而起，接着，其他人也跟着站起身来。他们似乎被一种力量攫起，无法稳坐。他们站着，好离上帝的声音更近，好向上帝表达仆人的肃然起敬。之后，他们走出教堂，挨家挨户地宣告，一部不曾存在的音乐杰作已经问世。于是整个城市沸腾了，人们兴致勃勃地期待着这部大师之作。

六天之后，4月13日晚，音乐厅门前人山人海。为了大厅里能容纳更多听众，女士们都没穿钟式裙，绅士们都未佩戴佩剑。七百人，从未有过的数字，济济一堂。演出前，人们纷纷传颂着作品的声望，但当音乐响起时，整个音乐厅却连呼吸声都听不见，倾听的人们越来越安静。接着合唱呼啸而来，所有的心跳都开始加速。亨德尔站在管风琴旁。他本想监督并驾御作品的首演。但现在作品已脱离他，他失去了它。他感到这音乐如此陌生，就像自己从未听过，从未写过，从未演奏过一样。他被卷入音乐的洪流。当最终的“阿门”响起时，他不禁张开嘴，加入合唱。他唱着，就像他在生命中从未歌唱过。但随后，当欢呼声响彻大厅时，他却静静地站在一旁，以免人们向他表达感激。因为该感谢的是上帝。他要感谢上帝的恩宠，赐予他这部作品。

闸门已开。奔涌的音乐流泉冲刷年轮，生生不息。再也没有什么能让亨德尔屈服，再也没有什么能让这位复活之人消沉。尽管他在伦敦创建的歌剧院再次破产，尽管债主们再次四处逼债—— 他已真正站了起来。他能抵御一切不幸。六十岁的亨德尔迈着坦然的步伐，沿着作品的里程碑走自己的路。有人不断给他制造麻烦，但他知道如何出色地战胜它。岁月渐渐夺走了他的力量，他的双臂不再灵活，双腿因痛风而痉挛，但他仍以不倦的灵魂创作着。最终，他双目失明。在他写《耶弗他》时，他的眼睛瞎了。可他却用失明的双眼，就像贝多芬用失聪的双耳一样不断地创作着，不知疲倦、不可战胜地创作着。他在世间的成功越大，他在上帝面前就越谦卑。

就像所有真正严肃的艺术家一样，亨德尔从不夸耀自己的作品，但他心怀感激地热爱着《弥赛亚》，因为它曾挽救他于深渊，因为他曾在这部作品中获得解脱。每年他都要在伦敦演出《弥赛亚》，每次他都将全部五百英镑的收入捐给医院里那些有待康复的人，救助犯人。他也要用这部曾经挽救他的作品同世间告别。1759年4月6日，病重的七十四岁的亨德尔再次站在柯文特花园的指挥台上。他，一个瞎眼巨人，站在那里，站在他的信徒中，站在音乐家和歌唱家中：他空洞的双眼看不见他们，但当乐器的巨大声浪向他袭来，当成千上万的欢呼声扑向他时，他疲惫的脸上绽放神采，充满光明。他挥舞着双臂，打着节拍，虔诚而认真地和众人一起合唱。他就像站在自己灵柩边的神父，为所有人的救赎祈祷。只有一次，当他喊出“长号响起”，当所有的号角齐声吹响时，他一惊而起，暗淡的双眼凝神远方，就像他已经准备好接受最后的审判。他知道，他已出色地完成了他的作品，已经可以挺起胸膛，走向上帝。朋友们激动地将盲人带回家。他们也感到这是同他最后的告别。他躺在床上，嘴唇微动。他想在耶稣受难日那天死去，他喃喃自语。医生们吃惊得无法理解他，因为他们不知道，正是在耶稣受难日，4月13日那天，一只有力的手将他推倒在地。也正是那一天，《弥赛亚》公演。那一天，他心中死去的一切重新复活。而他希望在他复活的那天死去，以便在复活的信念中走向永生。

确实，这唯一的意志的威力超越生，也超越死。4月13日，亨德尔已全无力气。他看不见，也听不见，庞大的身体像一具空洞而沉重的躯壳，一动不动地躺在床上。就像一个空心的贝壳能发出大海的轰鸣一般，他的内心轰鸣着听不见的音乐。这音乐比以往所有听得见的音乐都更奇妙，更神圣。音乐的波涛缓缓地从他虚弱的身躯中将他的灵魂熄灭，并托举它升入缥缈之中。一浪接着一浪，音乐永恒地回响在天地之间。第二天，复活节的钟声仍未敲响，亨德尔那终有一死的肉身最终安息了。

Das Genie einer Nacht

一夜天才

马赛曲（1792 年 4 月 25 日）

1792年。两三个月以来，法国国民议会一直踌躇不定：对皇帝和国王们的联合行动是战是和。路易十六本人犹豫不决，他既担心革命党人取胜后带来的危害，又担心他们失败。各党派意见不一。吉伦特派为保住权力，催促开战；罗伯斯庇尔和雅各宾派则要捍卫和平，以便他们从中夺取政权。形势日趋严峻。报界哗然。俱乐部内争执不休，谣言四起。公众群情激奋。而决断总能带来某种解脱，正如4月20日法国国王终于向奥地利皇帝和普鲁士国王宣战时那样。

接连数周，高压笼罩着巴黎，人心惶惶。边境城市更是如临大敌、骚动不安。所有宿营地都聚集了部队，每座村落和城市都配备了志愿军和国民军。到处都妥善地安设了碉堡。尤其在阿尔萨斯，人们深知，德法之间的首战将一如既往地在这片土地上打响。而莱茵河对岸的敌人和对手们却不像巴黎人那样含混不清，只限于言辞上的激昂雄辩，他们的现实状况看得见，感受得到。无论从加固的桥头还是在大教堂的塔楼上，人们都能清楚地看见逼近的普鲁士军队。夜晚，敌人的炮车迎风前行，武器铿锵作响，军号嘹亮地响彻月光下悠然奔涌的河面。所有人都知道，只要一句话，一声令下，普鲁士军队沉默的火炮口就会发出电闪雷鸣，德法之间的千年之战就会再次打响——而这次，则是一方以新自由为名，另一方以旧秩序为义。

1792年4月25日，非比寻常的一天。驿站信使将宣战的消息从巴黎带到了斯特拉斯堡。人们马上蜂拥着从大街小巷走出家门，步入广场。战备部队一队接着一队行进着，准备接受最后的检阅。市中心广场上，市长迪特里希正在等待他们的到来。他身披三色佩带，挥舞着戴有帽徽的帽子，向士兵们致意。军号声和震天的战鼓提醒人们肃静。迪特里希大声地用法语和德语向广场上和城市中所有方位的人们宣读宣战书。他话音刚落，军乐团就奏响了第一支临时的革命战歌《这样就好》。这本是一首热情奔放、放纵轻佻的舞曲，但在即将出征的将士们有力的步伐中，它也具备了威严。接着，人群四散开去，带着被鼓舞的热情回到大街小巷的各家各户中。咖啡馆和俱乐部中到处都是振奋人心的演说，人们分发着以“公民们，武装起来！举起战旗！警钟已敲响！”这样的文字为开头的告示。遍布四处的演讲，所有的报刊和海报，所有人的嘴里都重复着有力而富有节奏的呼喊：“公民们，武装起来！让那些王冠下的暴君发抖！前进吧，自由之子！”每一次激昂的呼喊都得到了民众的热烈呼应。

街道和广场上，大批民众不断地为宣战欢呼。而与此同时，也有另一种微弱的声音因宣战而恐惧、担忧。只是这些人只能偷偷地在斗室中轻声低语或含含糊糊地索性沉默。天下的母亲们永远担忧外来的士兵会杀死自己的孩子。各国的农民也没什么两样，他们担忧自己的财产、耕地、茅舍、牲畜和庄稼。难道秧苗不会被践踏，家园不会被暴徒掠夺？难道劳作的田间不会血流成河？然而斯特拉斯堡市市长，贵族弗里德里希·迪特里希男爵却像当时法国最优秀的贵族们一样，准备全身心地投入到争取新自由的事业中。他只允许那些坚定而积极的声音发声，并有意将宣战的一天变为公众节日。他胸前斜跨着佩带，从一处集会赶往另一处，激励民众。他犒赏即将出征的士兵们红酒和干粮。晚上，他在他位于布罗格利广场的宽敞宅邸，为军官和重要的公职人员举行欢送会。自始至终，那热烈的气氛都带有庆功会的意味。将军们永远充满胜利的信念，坐于正席。年轻的军官们断定参战将让他们的生命充满意义，他们自由交谈，互相激励。人们挥舞着军刀，相互拥抱、碰杯，激情四溢地喝着上好的红酒，激动地不断重复着报刊和公告上那些大快人心的誓言："拿起武器，公民们！进军！拯救我们的祖国！那些戴着王冠的暴君很快就会吓得发抖。现在，胜利的旗帜已经拉起，三色旗插遍世界的日子已经到来！每个人都必须为国王、为旗帜、为自由而全力以赴！"在这样的时刻，举国上下的民众对胜利的信念和对自由事业的渴望获得了神圣的统一。

谈话和祝酒间，迪特里希市长突然转向坐在一旁的一位名叫鲁热的要塞部队年轻指挥官。他记起这位虽不英俊却讨人喜欢的军官曾在半年前宪法颁布时，写过一首非常合意的自由颂歌，并马上由军团音乐家普莱耶尔谱了曲。事实证明，这部简单的作品朗朗上口，军乐队排练后，适合在正式场合演奏，也适合合唱队演唱。眼下正值宣战和出征之际，难道不正是再来一次类似的创作的好时机？于是迪特里希市长非常轻松随意地询问鲁热上尉（鲁热擅封自己为贵族并自称鲁热·德·利勒），就像请一个朋友帮忙，问他是否愿意出于爱国热情为出征的队伍写点什么，比如为明天去征战的莱茵军写一首战歌。

鲁热谦逊淳朴，从未把自己当作了不起的音乐家—— 他的诗歌从未被发表，歌剧也从未上演—— 但他知道，写一首即兴诗对他来说轻而易举。为了让这位高官和好友高兴，他答应了下来。是的，他会试试。“太好了，鲁热。”对面的将军举杯敬酒并提醒他，他得马上将写好的歌送到战地去。莱茵军正需要这样一首爱国主义进行曲。正说着，另一位又开始发表演说。接着又是敬酒，叫嚷，干杯。众人热情高涨的声浪很快湮没了这一偶然而简短的对话。宴会的气氛越来越亢奋，越来越喧闹，越来越疯狂。直至午夜过后，客人们才陆续离开市长的宅邸。

已经是午夜以后。4 月 25 日这激动人心的一天，斯特拉斯堡宣战的一天已经结束。4 月 26 日其实已经开始。黑夜笼罩着千家万户。但这种肃穆只是错觉，因为全城仍兴奋地发着高烧。兵营里的士兵们整装待发。紧锁的店铺内，一些胆小怕事的人或许正从后门偷偷溜走。街上行进着一队步兵，脚步声夹杂着通信骑兵的马蹄声，接着又驶来沉重的炮车，单调的口令不断从一个岗哨传到另一个岗哨。敌人太近，太不安全。在这决定性时刻，全城人都激动得无法入眠。

异常兴奋的还有鲁热。此刻，他正踏上中央大道一百二十六号的旋转楼梯，步入自己简陋的房间。他没有忘记自己的承诺，尽快为莱茵军写一首战地进行曲。他不安地在自己拥挤的房内走来走去。该如何开头？如何开头？他脑海中仍旧充斥着各种公告、演说和祝酒词中激动人心的句子："公民们，武装起来！……前进，自由之子！……消灭专制！……举起战旗！……"他也记得他听到的其他声音：为儿子担惊受怕的母亲们的声音，担忧法国的良田被外侵者践踏的农民们的声音。他几乎本能地写下两行。这两行仅仅是呐喊的回响和重复的开头：

前进，祖国的儿郎，
光荣的时刻已来临！

之后他停了下来，有些错愕。不错，一个很好的开始。现在只须马上找到合适的节奏，配上旋律。他从橱中取出小提琴，开始试奏。好极了，开头的几个节拍就和歌词的节奏完全吻合。他急切地继续往下写，感到浑身被一种力量充满，牵引他前行。所有的力量：此刻心中的全部情感，所有他在街上、宴会上听到的话语，所有对暴君的仇恨，对故土的担忧，对胜利的信念和对自由的热爱汇聚一处。鲁热根本无须作诗，无须创作，他只要为那些人们在这绝无仅有的日子里口口相传的话语押上韵，配上令人着迷的节奏和旋律，就能说出、表达出、唱出人民的心声。他根本无须谱曲，因为节奏和旋律透过紧闭的百叶窗回荡在大街上—— 反抗和战斗的节奏就在士兵行进的步伐中，嘹亮的号角中，火炮车的嘎嘎声中。或许他本人并未听到，他的双耳并未灵敏地去捕捉，但在这天赋降临到他那必朽的身躯中的唯一一夜，他却获得了节奏。旋律不断地驯服在跳动和欢呼的节拍中，驯服在全体国民的脉搏中。就像听从了陌生人的口授，鲁热愈来愈疾速地写下歌词，写下乐谱—— 风暴从未像此刻一般，席卷了他那原本狭隘的市井小民的心灵。一种并不属于他自己的亢奋与激情，一种神性的魔力，汇聚在这天赋爆发的瞬间，将这个可怜的半吊子音乐家像一枚炮弹般丢到了距离他自己十万八千里的地方。这枚炮弹闪耀着瞬间的光芒和夺目的火焰，直抵群星。一夜之间，上尉鲁热·德·利勒跻身于不朽者之列：最初从街头报刊的呼声中汲取的创造性的唱词，升华为永恒的诗节，一如那世代传颂的旋律。

在神圣的祖国面前，
我们发誓向敌人复仇！
自由，可贵的自由，
我们决心为它而战斗！

之后，他又写了第五个诗节。他兴奋地一气呵成，直到曲终。歌词和旋律完美地结合在一起。黎明之前，这首不朽的歌曲已圆满完成。鲁热熄了灯，一头栽倒在床上。一种他自己也不认识的东西，令他的头脑从未像刚才那般清澈，又不知是什么东西，令他现在疲惫不堪。他像个死人般沉沉睡去。而事实正是如此，创造者和诗人的天赋在他身上重又陷入死寂。桌子上的作品，一个神圣的飘然而来的奇迹已经脱离了他这个沉睡的人。它被创作得如此迅速，词曲的结合如此完美，在各国历史上，几乎找不到第二首歌可以和它媲美。

大教堂的钟声一如既往地宣告了清晨的来临。莱茵河上的风不时吹来几声枪响，交战已经开始。鲁热醒了。他依旧疲惫不堪，摸索着从睡梦中挣扎起来。他恍惚记得似乎发生了什么和他相关的事情。接着，他注意到桌上那张墨迹尚新的纸：一首诗？我什么时候写过诗？音乐，我亲笔写下的音乐？我何时作过曲？哦是的！那首歌，那首朋友迪特里希昨天邀我为莱茵军写的进行曲！鲁热拿起纸，看着歌词，哼唱起来。像所有创作者一样，他对刚完成的作品总是不十分满意。于是他拿着这首歌去找隔壁的战友，给他看，唱给他听。这位朋友看起来对音乐非常满意，只是给了几个小的修改建议。鲁热从这份最初的赞许中获得了信心。他怀着一种创作者常有的急迫心情和迅速兑现承诺的自豪感，马上赶往市长迪特里希家。市长正在清晨的花园中一边散步，一边思考着一篇新的演讲稿。怎么，鲁热？你已经写完了？那我们得赶紧试唱一下。说着，两人走出花园，步入客厅。迪特里希坐在钢琴边伴奏，鲁热开始演唱。市长夫人被这意外的晨间音乐吸引，走了进来。她答应誊抄几遍这首新歌。作为受过正规音乐教育的音乐家，她还答应马上为这首歌配上伴奏，以便今晚的来宾们在宴会上唱歌时，也唱一下这首。为自己甜美的男高音嗓音骄傲的迪特里希市长接管了演唱的任务，开始认真研读起这首歌。4月26日晚，这首在该日清晨刚刚完成的歌曲首次在市长的私人沙龙中被演唱。

或许是出于对在场的创作者必要的礼貌恭维，听众们的掌声听上去十分友善。不过，这些斯特拉斯堡广场上德·布罗格利宅邸里的客人们显然有所不知：一段不朽的旋律已经乘着无形的翅膀降临到他们生活的尘世。向来，人们极少能迅速领会同时代中一个人或一部作品的伟大。对于这一非凡时刻，甚至市长夫人也未觉察，这一点可以从她写给她兄弟的信中得到证实。她在信中只是把这一奇迹当成了泛泛的社交事件："你知道，我们总是招待许多客人，所以总得发明些花样供人消遣。于是我丈夫想出一个主意：让人创作一首即兴曲。工程部队的鲁热·德·利勒上尉是位可爱的诗人和作曲家，他很快就创作出一首军歌。我丈夫是个不错的男高音，他随即演唱了这首引人入胜，富有特色的歌曲。效果甚至好过演唱格鲁克[1]的歌曲，更生动，更活泼。我的任务则是发挥我写协奏曲的才能，为钢琴和其他乐器谱写总谱。我忙得不亦乐乎。这首歌已经在我们这里公开演出，社交界相当满意。"

"社交界相当满意。"—— 这句话在今天看来十分冷漠。但这种仅有的好印象和随性的赞许完全可以理解，因为首演时的《马赛曲》尚未真正显示它的力量。它不是为抒情男高音创作的

1　Gluck，德国作曲家。

演唱作品，也不适合某位歌手在小资产阶级沙龙里，夹在浪漫曲和意大利咏叹调之间演唱。《马赛曲》是一首节奏强劲有力、激昂活跃的战歌。“公民们，武装起来！”应当唱向民众，唱向人群，而真正的配器应当是叮当的武器声、嘹亮的号角声和部队行进的脚步声。它不是为那些正襟危坐的欣赏者，而是为拥有共同志向，准备共同战斗的人而作。它不适合女高音，也不适合男高音，它是为千人合唱而作。它是一首杰出的进行曲、凯旋曲、挽歌、祖国颂，是全体人民的国歌。这种首先自人民中诞生的激情，赋予了鲁热的这首歌鼓舞人心的力量。只是这首歌尚未流传，歌词尚未引起神奇的反响，旋律尚未触及民众的灵魂，军人还不认识这首军歌，他们的凯旋之歌，革命还不知晓自己已经拥有了这样一首不朽的战歌。

即便是一夜间奇迹降临自身的鲁热·德·利勒本人，也和他人一样，对自己那天晚上，像个梦游者般在一位不忠的神灵的指引下创造的奇迹所知甚少。这位平庸但讨人喜欢的半吊子音乐家，对客人们热烈的掌声和对他报以的礼貌祝贺感到由衷高兴。怀着小小的虚荣心，这个小人物想在外省人中充分利用他小小的成功。他在咖啡馆里为战友们演唱这首新歌，让人誊抄他的作品，分发给莱茵军的将军们。与此同时，军官们建议、市长下令斯特拉斯堡乐团排演这首《莱茵军战歌》。四天后部队出征的那天，斯特拉斯堡国民自卫军乐团在大广场上演奏了这首新创作的进行曲。斯特拉斯堡的出版商也带着爱国热情表示，他将出版这首吕克内[1]的下属恭敬地献给这位将军的《莱茵军战歌》。但莱茵军的将军们却没人当真想在出征时演唱或演奏这首新歌。看上去，和鲁热迄今的所有努力一样，“前进，前进，祖国的儿郎！”这部在沙龙中获得成功的作品不过是获得了一时的成功。它不过是本地的一个事件，转眼就会被人遗忘。

然而一部作品与生俱来的力量却从不会被长久地埋没或封存。艺术作品可能会在时光中被人遗忘，可能会遭遇被禁或被遗弃，但一种不可抗拒的力量总会战胜暂时的因素。虽然一两个月来，人们对《莱茵军战歌》仍闻所未闻，无论是印刷品还是手抄本，都只在一些无关紧要的人手中流传，但一部作品哪怕只激起了一个人的热情也已足够，因为真正的热情本身就具备创造力。在法国的另一端，马赛，6月22日，宪法之友俱乐部正在为即将出征的志愿者们举办宴会。长桌旁坐着五百名身着国民自卫军新制服的血气方刚的年轻人。如同4月25日斯特拉斯堡的人们一样，他们中间弥漫着强烈的激情，只是由于马赛人的南国气质，这种激情更为热烈，同时他们又不会像最初宣战时那样因必胜的信念而沾沾自喜。那些吹嘘的将军宣称革命的法国部队只要跨过莱茵河就会备受民众欢迎，而他们却深知，敌人已挺进法国领土，自由受到威胁，自由的事业正处于危难之中。

宴会正在进行时，一个叫米勒的蒙彼利埃大学医学生，突然

1　Luckner，当年在法国服役的德国将军。

猛地将杯子蹾到桌上，站起身来。大伙儿顿时安静下来望向他，以为他要讲话或致辞，可这位年轻人却舞动右臂唱起歌来。这是一首新歌，没人听过，也不知他从哪里搞来。“前进，前进，祖国的儿郎！”一如电火点燃了火药桶，情感与情感，这永恒的两极持久地碰撞在一起。所有明日出征，为自由而战，准备为祖国献身的年轻人，都在这一旋律中发现了自身内在的意志。唱词表达了他们切身的感受，节奏令人不可抗拒地产生了共鸣。他们为每段歌词欢呼，乃至一遍遍重唱。他们已与旋律融为一体，激动地站起来，高举酒杯，雷鸣般齐唱着副歌：“公民们，武装起来！公民们，投入战斗！”街上的人也想听听里面正热烈地唱着什么，好奇地拥进来，最后他们也跟着唱了起来。第二天，新印的歌片就四处散发，在成千上万人中口口相传。7月2日，五百名志愿军出征时，这首歌已跟随他们不胫而走。乡间行军时，只要他们感到疲倦，只要脚步无力，只要有人领唱，那行进的、前进的节拍就赋予他们新的力量。经过村庄时，村民们惊讶又好奇地聚在一起，跟着合唱。这首歌成了他们自己的歌。他们并不知道这首歌是为莱茵军而作，也不知道是谁在何时创作了它，但他们却把这首赞歌当作了自己的战歌，当作他们生与死的誓言。这首歌就像属于他们的旗帜，在激情澎湃的前进中，他们将它传遍世界。

《马赛曲》最初的伟大胜利发生在巴黎——鲁热谱写的这首赞歌，很快被称作《马赛曲》。7月30日，当行进的队伍高举战旗，歌声嘹亮地穿过城郊进入巴黎时，街头聚集了成千上万隆重欢迎他们的民众。而当马赛人，这五百名男子，一遍遍唱着歌，迈着同样节奏的步伐走来时，所有人都屏息倾听。马赛人唱的这首神圣而激动人心的赞歌究竟是什么？如此嘹亮，伴着隆隆的鼓声，激荡所有人的心房。两三个小时后，副歌“公民们，武装起来！”已回荡在大街小巷。人们忘记了那首《这样就好》，忘记了过去的进行曲，忘记了所有耳熟能详的旋律：革命认出了自己的声音，革命找到了自己的歌。

如同雪崩一般，这首歌不可遏止地传播开来。人们在宴会上唱它，在剧院和俱乐部唱它，在教堂中演唱赞美诗之后唱它，甚至不久，这首歌竟取代了赞美诗。一两个月后，《马赛曲》已成为人民之歌、全军之歌。第一任共和国军事部长赛尔旺是位有识之士，他认识到这首独一无二的民族战歌所具备的强劲而振奋人心的力量。他下达紧急命令，十万份印制的歌片需马上分发至小分队。两三天后，这首无名作者创作的歌曲甚至超越了莫里哀、拉辛和伏尔泰的著作，广为流传。没有一次庆典不是以《马赛曲》结尾，没有一次战斗不是由军乐队奏响这首自由之战歌率先打响。在热马普和内尔温登，部队在齐声合唱中发起决定性总攻。那些依旧沿袭老办法，用两份酒犒赏士兵的敌方将军惊讶地发现，他们根本无法抵挡这首圣歌“可怕”狂暴的力量。当成千上万的士兵一路高歌，像呼啸的海浪般向他们的队伍扑来时，这首歌盘旋在法国战场的所有角落，就像插上翅膀的胜利女神妮可，令无数人为之振奋，甘愿牺牲。

与此同时，坐在许宁根驻地小营房内，不为人知的要塞上尉鲁热，正一丝不苟地起草着防御工事图纸。或许他已经把自己在 1792 年 4 月 26 日那个逝去的夜晚创作的《莱茵军战歌》遗忘。他根本无法想象，他在报纸上读到的那首风暴般征服了巴黎的圣歌，那首战歌，那首充满了必胜信念的“马赛人之歌”中的每句唱词，每个节奏，都是那一晚在他的心中，在他身边发生的奇迹。但命运的无情嘲讽确是—— 这一旋律虽然回荡天际，响彻云霄，却并未高举任何人，包括那位创作者。整个法国没人关心鲁热 · 德 · 利勒上尉，就像其他歌曲的命运一样，巨大的荣耀只属于歌曲本身，连光环的影子也没有投射到创作者鲁热身上。他的名字没有印在歌片上。假如不是他自己提及这段恼人的记忆，他也不会引起当局的任何重视。因为—— 这般天才的悖论，只有历史创造得出—— 这位革命歌曲的创造者并不是位革命者，相反，他跟那些唱着他的不朽战歌推进革命的革命者不同，他要竭尽全力重新阻止革命。当马赛人和巴黎民众唱着他的歌，攻打杜伊勒里宫、罢免国王时，鲁热 · 德 · 利勒已经对革命感到厌倦。他拒绝为共和国效忠，宁愿放弃职务也不愿再伺候雅各宾派。歌词中的“热爱自由”对于这个生性正直的人来说绝非空话：他对国民议会中的新暴君和独裁者极度憎恶，就像他仇恨国界对面加冕的国王和皇帝们一样。当他的朋友，委托他创作《马赛曲》的迪特里希市长，当《马赛曲》所奉献的吕克内将军，当该曲首演那晚在场的所有军官和贵族们被一一送上断头台，他公开向罗伯斯庇尔的福利委员会表达了他的愤怒。很快，更为荒诞的事情发生了，革命诗人被捕，成了反革命，法庭指控他犯有叛国罪。直至热月[1]九日，监狱的大门因罗伯斯庇尔的下台而被敞开，法国大革命才免于蒙受奇耻大辱：将创作不朽革命歌曲的诗人送交“国家的镰刀”。

然而鲁热如果真的被处死，反倒是一种英雄之死，而不会像他日后那样在黑暗中悲苦地等死。因为不幸的鲁热虽然又活了四十余年，经历了成千上万个日子，却唯独只有一天具备真正的创造性。随后，他被扒下军装，取消了退休金。没人再出版和上演他的诗作、歌词和歌剧。命运对这位半吊子音乐家擅自闯入不朽者之列并未予以原谅。为了勉强维持他卑微的生活，这位小人物后来做过各种各样并非总是干净的小买卖。出于同情，卡诺以及之后的拿破仑都曾试图帮助他，但都白费力气。经过那次残酷的偶然事件—— 他做了三个小时的神明和天才后又被无情地打回渺小的原型—— 鲁热的性格像中了不可救药的毒一般变得古怪乖戾。他责骂并抱怨所有当权者。他写给希望帮助他的拿破仑一封激愤而放肆的信，开诚布公地宣称，他感到骄傲，他在公投中投了反对拿破仑的票。他的生意陷入不光彩的纠纷。他甚至因为一张空头汇票被抓进圣佩拉吉的债务监狱。到处都不欢迎他。债主向他追债，警察定期来调查他。最终，他隐居在外省的某处，销声匿迹，被人遗忘。他就像生活在坟墓中一般，偷听着那首不朽之歌的命运。在他有生之年，《马赛曲》伴随胜利的军队攻入欧洲的所有国家。拿破仑刚登上皇位，就将这首过于革命化的歌

1　热月为法国大革命后改行的革命历法的第十一个月。

曲从所有节目单中取消。波旁王朝的后裔更是完全禁止了这首歌。直至三十多年后，1830年的七月革命爆发，他的颂词、他的旋律得以重新以旧日的力量再次在巴黎的街垒中复活，市民国王路易·菲利普将他视为诗人，颁给他一小笔养老金，鲁热这位愤世嫉俗的老人才有些惊讶，原来还有人记得他的歌！这位生死不明、被人遗忘之人像做了场梦。但这只是一丝惨淡的记忆而已。1836年，当七十六岁的鲁热于舒瓦齐勒罗瓦去世时，已经没人知道他的名字。时代在前进：第一次世界大战之际，《马赛曲》成了国歌。战斗的歌声再次唱响在法国所有的战线。渺小的上尉鲁热的遗体，和渺小的中尉拿破仑一样，被安葬在巴黎荣誉军人教堂。这位创作了不朽之歌的无名的创作者，最终安眠在令他失望的祖国的荣誉墓地，尽管他只在那唯一的一夜中，是位诗人。

Die Weltminute von Waterloo

决战滑铁卢

拿破仑（1815 年 6 月 18 日）

命运渴望强者和暴君。多年来对这几个人：恺撒、亚历山大、拿破仑，奴颜卑膝地百依百顺。因为命运无以抗拒地热爱着这些和它相像的不可捉摸的生灵。

然而在一些极为罕见的瞬间，命运也会因为情绪特殊，将自己抛向一些平庸之辈。在人类历史中，最令人惊奇的时刻是命运之线瞬间落入一位卑微之人手中。这些人被风暴般委以重任，与其说是他们的幸运，毋宁说让他们恐慌。在英雄世界的游戏里，这些鼠辈几乎总是颤抖着将抛来的天命撒手奉还。因为他们极少能抓住机遇，控制机遇，随之攀升。而伟大的时刻只是瞬间降临到他们身上，一旦错过时机，命运将决不二次恩惠。

格鲁希

在穿插着社交舞会、桃色事件和明争暗斗的维也纳会议上，突然袭来了一则爆炸新闻：拿破仑，那头被困的雄狮，从厄尔巴岛的牢笼中挣脱了出来。信使们纷纷捎信说：拿破仑占领了里昂；拿破仑赶走了国王；军队正举旗狂热地向他靠拢；他已经抵达巴黎，已经住进了杜伊勒里王宫。莱比锡会战[1]和二十年来杀人如麻的征战白费力气。大臣们刚刚还在互相抱怨、争执不休，此刻就像被一双利爪擒拿了一般，迅速地聚在一起。一支英国军队、一支普鲁士军队、一支奥地利军队和一支俄国军队马上组建起来，他们要再次联手彻底击溃拿破仑这个篡权者。欧洲合法的皇帝和国王们从未像现在这样惊慌失措。威灵顿从北方向法国进军。一支普鲁士军队也作为增援部队在布吕歇尔的率领下从另一方向法国挺进。莱茵河畔的施瓦尔岑贝格整装待发，而俄国后备军，正缓慢而沉重地徒步横穿德国。

拿破仑马上意识到这一致命的险情。他知道，在这群暴徒会师前，他绝不能坐以待毙。他必须在普鲁士人、英国人和奥地利人联合成一支欧洲盟军前，在自己的帝国衰微前分头进攻、逐个击溃他们。他必须抓紧时间行动，否则国内的不满情绪将会高涨。他必须在共和派壮大前，在共和派和保皇派联手前取得胜利。在富歇这个不可理喻的两面派同他的对手塔列朗狼狈为奸，对他暗下黑手前断了他们的念想。他必须趁热打铁，利用军队高昂的势气将敌人一举歼灭。每过一天就损失一天，每时每刻都可能发生险情。为此他匆忙将赌注压在了欧洲最血腥的战场——比利时。6月15日凌晨三点，拿破仑最强大的先遣队越过了边境。

1　莱比锡会战发生于1813年10月。俄国、普鲁士、奥地利及其他各国的三十万联军战胜拿破仑的十八万军队。

16日，他们在林尼与普鲁士军队对决并将他们击退。这是这头摆脱牢笼的雄狮的首次出击，十分凶猛却并非致命。普鲁士军队向布鲁塞尔方向节节败退，却并未被彻底剿灭。

于是拿破仑向威灵顿发起了第二次总攻。他不给自己喘息的余地，也不能让对方喘息，因为每拖延一天，都是在增添敌人的气势。而他身后的祖国和洒尽热血、诚惶诚恐的法国人民需要陶醉在胜利捷报的庆功酒中。17日，拿破仑率领他的部队抵达夸特布拉斯高地。他的对手，心狠手辣而意志坚强的威灵顿已在此铸建了防御工事。拿破仑的部署从未像这次这般细致周密，军令也从未像今天一样清晰：他不仅斟酌方案，还充分考虑到各种险境，包括被击退而非被歼灭的布吕歇尔的军队随时可能与威灵顿的军队会合。为了防止这种情况发生，他调拨出部分部队紧逼普鲁士军队，以阻止他们与英军会合。

拿破仑将这支追击部队交给了格鲁希元帅。格鲁希是个中等资质之人。规矩诚实，老实可靠。曾多次担任骑兵队长，但也只是骑兵队长而已。他不是穆拉特那样的狂暴斗士，也并非圣西尔和贝尔蒂埃那样的谋略家，更不是内伊那样的英雄。没有战斗的胸铠装点他的胸膛，也没有神话粉饰他的形象。在拿破仑的英雄传奇中，他从未因显著的功绩赢得过任何荣誉和地位，却在日后因为不幸和厄运而闻名于世。二十年来，他参加过所有战役：从西班牙到俄国，从尼德兰到意大利。他缓慢地一步步升为元帅，不是没有功劳，而是没有突出的功绩。奥地利人的子弹、埃及的烈日、阿拉伯人的匕首及俄国的严寒总是夺走他前任的性命——

德塞克斯在马伦戈、克莱贝尔在开罗、拉纳在瓦格拉姆的牺牲是他向上爬的阶梯。他的升迁不是一步登天，而是参战二十年来的顺理成章。

拿破仑深知，格鲁希既非英雄亦非谋士，他不过是个忠厚老实的普通人。可是他的元帅们大部分已命丧九泉，剩下的几位也已对尽忠十分厌倦，对连年风餐露宿感到愠怒，因此他被迫重用这个平庸之人。

6月17日是林尼之战胜利后的第二天，滑铁卢战役的前一天。上午十一时，拿破仑将独立指挥权首次交给了格鲁希元帅。这一刻，谦逊谨慎的格鲁希一夜之间从军队的等级制度中跃入了世界历史。这只是一个短暂的瞬间，却是怎样的瞬间！拿破仑的命令清楚明白：在他率兵向英国人进军时，格鲁希需率领三分之一兵力追击普鲁士军队。看上去这是个简单的任务。命令直截了当，没有歧义。然而这一命令却是把灵活的双刃剑。因为在向格鲁希交代追击任务的同时，拿破仑还要求他必须始终和主力部队保持联系。

元帅犹豫着接受了命令。他不习惯独立行动。只是皇帝在分派任务时那天才的目光，让这个毫无主见又谨小慎微的人感到些许踏实。此外，他还隐约地感觉到将军们暗中的不满，或许他也感觉到了命运在黑暗中的振翅。只有近处的大本营让他心生安定：因为他的部队离皇帝的部队也就三小时的疾行路程。滂沱大雨中，格鲁希的人挥手告别。士兵们蹚着泥，缓慢地向普鲁士军队靠近，或者至少他们是朝着猜测的布吕歇尔部队所在地的方向前行。

卡由之夜

北方的暴雨下个不停。黑暗中，拿破仑的士兵们个个浑身湿透，举步维艰。每个人的靴底都粘了起码两磅污泥。没有宿营地，没有房屋，没遮没拦。麦秆堆积满雨水，无法靠上去歇息，于是士兵们只能十个或十二个人靠在一起，直坐着，在暴雨中背对背睡觉。皇帝本人也不得休息。他心急火燎，坐卧难安：在这种恶劣的气候中根本无法侦察，连侦察员的情报也极为含糊不清。他不知道威灵顿是否会迎战，甚至格鲁希也没有发来任何普军的消息。午夜一点，拿破仑全然不顾呼啸的暴雨，迈着沉重的步子，向英军营地内火炮射程所及的前哨走去。瓢泼大雨中，英军阵营的灯火忽明忽暗。他一边走一边考虑进攻方案。直至黎明，他才重新回到卡由那间极为简陋的统战部，并收到了第一通来自格鲁希的报告：关于普军撤退的去向，他没有给予明确的答复。他只写了些安慰人心的承诺：他们正在追踪普军。雨已渐渐变小。皇帝在房内不安地来回踱步，并不时望向黄色的地平线。他迫切地想看清远方的状况，以便做出判断。

清晨五点钟，雨停了。内心迟疑的阴霾也散了。皇帝最终下达了命令：九点钟，全军将发起总攻。传令兵迅速向各方传达命令。很快，集结鼓隆隆作响。拿破仑这时才在行军床上躺下身来，睡了两小时。

滑铁卢的上午

已经是上午九时，部队仍未全部到齐。在连降三天大雨的泥路上，行军十分困难，影响了炮兵的跟进。此刻，凛冽的风中现出阳光：但这里的阳光不像奥斯特里茨的阳光那般灿烂耀眼，预示吉兆。它是北方的阳光，微茫中透着阴郁。终于，部队准备就绪。在战役打响前，拿破仑骑着他的白马，再次检阅了整个部队。战旗飘扬在呼啸的风中，尚武的骑兵们高举着马刀，步兵们则用刺刀挑起皮帽向拿破仑致意。战鼓敲得震天响，军号尖厉而热情地吹向统帅的方向。但是这所有的声音也盖不过从四面八方传来的雷鸣般的欢呼声——“皇帝万岁！”这声音从各个师团的方向滚滚而来，从七万士兵的喉咙里爆破出来，低沉而宏亮。

二十年戎马生涯中，拿破仑的检阅从未像这次这般壮观热烈。欢呼声直至十一点才渐渐止息，比预计的总攻时间延迟了两小时。灾难性的延迟！——炮兵先是接到命令去轰炸山头上的英国红衫军。接着，内伊，这位“英雄中的英雄”率领步兵冲锋。拿破仑的决定性战役就这样打响。这一战役虽被后人无数次描写，但读者却对阅读这一令人激动的转折时刻从不厌倦。时而读瓦尔特·斯科特的伟大篇章，时而读司汤达的战争插曲。无论近看还是远观，无论从统帅的山头上看，还是从盔甲骑兵的马鞍上看，这次伟大的战役都具有非凡的意义。它是一部紧张刺激的具有戏剧性的不断变换于恐惧与希望之间的艺术杰作，并突然以一场巨大的灾难收场。它是悲剧的典范。欧洲的命运系在拿破仑的命运上。拿破仑的存在犹如精彩的焰火，像一枚华丽的炮弹，在骤然跌落、永恒熄灭前再次冲上云端。

上午十一时到下午一时，法国军团攻占了高地，占领了村庄和阵地，继而又被击退，又再次发起进攻。上万具尸体覆盖了潮湿泥泞的空旷山坡。除了两败俱伤之外毫无结果。双方人马筋疲力尽，双方首领心神不宁。他们都清楚，胜利属于最先得到增援的一方。威灵顿等待布吕歇尔的增援，拿破仑则寄希望于格鲁希。拿破仑焦虑地不断端起望远镜，不断地向格鲁希一方派去新的传令兵，只要他的元帅及时赶到，奥斯特里茨的太阳就能再次照耀在法兰西的上空。

格鲁希的谬误

格鲁希并未意识到拿破仑的命运掌握在自己手中。他于6月17日晚间奉命出发，按预定的方向追击普鲁士军队。雨停了。头一天才初尝火药味的年轻士兵们，就像走在和平的土地上一样大摇大摆：敌人依旧没有出现。他们也始终没有发现受创的普鲁士军队的踪迹。

一早，格鲁希元帅正在一户农家匆忙吃着早餐，脚下的地面却轻微颤动起来，大家赶紧屏住呼吸。低沉而渐次消散的声音一次次传来：这是火炮。是远处炮手开炮的声音—— 其实也不算远，顶多三小时路程。几个军官为了更准确地辨别方向，以印第安势趴在地上。远处沉闷的轰隆声不断袭来。这是圣让山的炮火，滑铁卢战役打响了。格鲁希征求下属的意见。他的副手热拉尔焦急迫切地要求道："赶紧向开炮的方向挺进！"第二个军官表示赞同："赶紧行动！"所有人都毫不怀疑，皇帝正在攻打英军。一次艰巨战役已经打响！但格鲁希却犹豫不决。他习惯于服从，此刻依旧哆嗦着抱着一纸公文：皇帝的命令是追击撤退的普鲁士军。热拉尔见他犹豫不决，更加焦急难耐。"向开炮的方向挺进！"当着二十名军官和平民的面，副官的请求听起来更像命令，这使得格鲁希大为恼火。他强硬而严肃地说：皇帝不发令，他绝不违背职责！军官们十分失望，而火炮声却在这时不祥地消失了。

热拉尔做出最后的努力：他诚恳地请求，至少允许让他率领一支部队和一些骑兵冲向战场。他保证及时赶到。格鲁希思考片刻，也就思考了一秒。

创造世界史的瞬间

格鲁希思考了一秒。这一秒造就了他的命运、拿破仑的命运和世界的命运。他在瓦尔海姆的这家农舍里的瞬间决定，决定了整个十九世纪的命运。而这一关键决定却出自他这样一个迂腐平庸之人的口中—— 多么不幸！这一秒钟掌握在一双紧张地攥着皇帝命令的手中。假如在这一秒中，格鲁希能勇敢、果断，能不愚忠于皇帝的命令，而是相信自己、相信显而易见的征兆，法国就能得救。可惜这个屈从之人只会听命于一纸公文，而听不见命运的召唤。

格鲁希用力地摆了摆手。不，这样做不负责任。他说。不能把这支本来就力量薄弱的部队再次分支。他的任务是追击普军，别无其他。他拒绝任何违背皇命的行动。军官们愠怒地沉默不语，四周一片死寂。这一秒的决定无论在事实上还是言辞上都无法弥补。威灵顿获得了胜利。

格鲁希的部队就这样继续前行。热拉尔和旺达姆愤怒地攥紧拳头。格鲁希则很快就感到不安，越来越忧虑，因为奇怪，普军的身影始终没有出现。看来他们撤离了布鲁塞尔方向。紧接着，信使汇报了种种可疑迹象，普军已兵分几路，在撤退的路上转移到了战场。如果此刻，格鲁希不是焦急地依旧等待命令，而是赶紧率军去增援皇帝，一切都还来得及。可是他没有等来任何消息。只有愈来愈远的低沉炮声震颤着令人毛骨悚然的大地：那是滑铁卢战役的铁骰子。

滑铁卢的下午

时间已是下午一点。四次进攻虽然均被击退，但拿破仑已在威灵顿的主阵地打下严重缺口。拿破仑决定发起总攻，对英军阵地加强火力。在连续炮击的硝烟帷幕尚未遮掩山头时，拿破仑向战场看了最后一眼。

他注意到东北方向一支黑压压的队伍，一支新队伍！正从林中涌出。所有望远镜都马上向此处望去。难道是格鲁希果断地违背了命令，惊人地及时赶到？不！——一名俘虏汇报，这是布吕歇尔将军的先遣部队，是普鲁士士兵。皇帝这时意识到，那支被击溃的普军已经摆脱追击，抢先与英军会合。而他自己的三分之一兵力却在一片空地上毫无意义地尾随。他立即写信给格鲁希，命令他拼尽全力向自己靠拢并阻止普军向威灵顿的战场集结。

内伊元帅也同时收到了进攻命令。在普鲁士部队抵达前，他必须歼灭威灵顿部队：对于突然骤减的胜算来说，赌注再大也不为过。接下来的整个下午，不断投入的步兵兵力向威灵顿高地密集发起进攻。他们一次次冲进炸毁的村庄又一次次被击退，擎着飘扬的旗帜，他们又冲向已经不成形的方阵，但威灵顿依旧坚守不屈，格鲁希依旧没有消息。

“格鲁希在哪里？他究竟待在哪里？”拿破仑看着正在逼近的普军先头部队，烦躁地嘟囔着。就连他手下的指挥官也焦急难耐。尽管他已三次失去座下战马，但内伊元帅依然决定带上全部法国骑兵殊死搏斗。他的果断勇猛和格鲁希的优柔寡断恰恰相反。万名骑兵、步兵决一死战。他们踩烂了英军方阵，砍死了炮手并冲破了防线。尽管他们再次被迫撤退，但英军的军力已经溃败，布满山头的严密防线开始松动。伤亡惨重的法军骑兵被炮火击退时，拿破仑最后的预备队，老近卫军正艰难而缓慢地向山头进军。能否攻占山头将决定欧洲的命运。

决战

双方的四百门火炮从早上就开始不停地向对方轰炸。骑兵的铁蹄踏响整个前线，冲向火力强劲的方阵。震耳欲聋的战鼓响彻整个平原，大地颤抖！但山头上的两位统帅却并未专注于人声鼎沸的战场，而是倾听低微的隐隐之声。

他们手中的两只表嘀嗒响着，声音像鸟的心跳般微弱，却超越所有震天的吼叫。拿破仑和威灵顿，两人都紧抓着计时器数着时间，一分一秒——时间将带来决定最后胜负的增援部队。威灵顿知道布吕歇尔已在附近。拿破仑则寄希望于格鲁希。双方已再无后备部队。谁的增援先到，谁就能赢得战争。两位统帅举着望远镜望向树林边缘，好似一阵青烟，普军的先头部队依稀可见。可这些人是散兵还是格鲁希追击的整个普军？英军和法军像两个筋疲力尽的摔跤手，一个只能作最后的抵抗，一个已力气全无。他们对峙着，喘息着做最后的较量：决定性的最后一局就在眼前。

炮击声终于在普军的侧翼打响：开火了，步兵已开火交战！“格鲁希来了！终于来了！”拿破仑深吸了口气，相信自己的侧翼已经安全。他聚集了最后的兵力，再次向威灵顿的主阵地进攻，那里是布鲁塞尔的英国防线，必须摧毁它，必须冲破欧洲的大门。

然而刚才的交战只是一场误会。普军看走了眼，朝着跟往常着装不同的汉诺威兵团开了枪：马上就停了火。现在，普军浩大的部队已经畅通无阻地从林中走出。不，不是格鲁希的队伍，而是布吕歇尔的普军以及随之而来的厄运。这一消息迅速在皇帝的部队中传开。部队马上不无遗憾地开始有序地撤退。可威灵顿把握了这一时机。他快马加鞭抵达了镇守的山头，脱下帽子，在头上朝着软弱的敌军挥舞。他的人立即领会了这一胜利姿势的意义。剩余的英军一鼓作气，朝着溃退的敌人冲去。就连普鲁士骑兵也同时从两侧杀向涣散逃窜的法军—— 处处是濒死的呐喊："逃吧！"仅仅几分钟，这支威武的部队就气势不再，成了四处逃窜的人流。拿破仑本人也混在其中。在这股既无助又无措的人流中，乘胜追击的骑兵对败退的人潮奋力打杀。他们轻松猎获了拿破仑的坐骑和财物，俘虏了惊叫的整个炮兵部队。唯有夜的幕布挽救了皇帝的性命和自由。时间已是半夜，晕头转向风尘仆仆的拿破仑疲惫地缩在一家破败的乡村客栈的扶手椅里，他已不再是皇帝。他的帝国、他的时代、他的命运都已走到尽头：一个小人物，一个卑微者的怯懦，毁了他这位具有远见卓识的勇士二十年英雄生涯所创建的一切。

尘埃落定

英国人刚刚击溃拿破仑，一个在当时还寂寂无闻的人，就乘着超速四轮马车向布鲁塞尔方向疾驰。他经由布鲁塞尔到了海边，乘上一艘等在那里的帆船，越海抵达伦敦。他要在拿破仑失利的消息尚未经由信使通报当局之前，迅速展开大宗交易：他就是罗斯柴尔德[1]。此人以天才投机的一招创建了另一个帝国，一个新王朝。第二天，英国得知了胜利的消息。巴黎的骗子富歇也获悉了拿破仑的失败：胜利的钟声响彻布鲁塞尔和德国的上空。

只有一个人，第二天仍对滑铁卢之事一无所知。尽管他距离历史事发地不过四小时路程：此人就是不幸的格鲁希。始终不渝、一板一眼地完全执行追击普军命令的格鲁希。奇怪的是，他始终没有发现普军的踪迹，这让他惴惴不安。不绝的炮声就像求救的嘶喊，越来越响，迫在眉睫。炮声震撼着大地，每一枚炮弹都射向心脏。人人都知道，这绝不是擦枪走火，而是爆发了大战，决定性的大战。格鲁希骑着马，不安地穿行在他的军官们之间，而后者们则避免与他商榷：因为他们的建议不会被采纳。

打破这一僵局的恐怕是他们最终在瓦弗一带撞上了一队普鲁士士兵，布吕歇尔的后卫队。于是这群迫不及待投入战斗的人立即一窝蜂似的冲向普军的防御工事。热拉尔冲在最前头，就像被不祥的预感驱使着奔向死亡，他随即被一颗子弹撂倒在地：这个最爱表达意见的人永远闭上了嘴。夜已深，格鲁希的部队占领了村庄。但他们似乎感到，战胜这支后卫队毫无意义。因为战场的那一方寂静无声。令人毛骨悚然的安静，可怕的和平，阴郁而死一般的沉默。所有人都宁愿听见轰隆的炮声，也不愿身处这种备受折磨的不知所措中。决战，滑铁卢之战必定已经一决高下，格

1　Rothschild，得知拿破仑在滑铁卢战败后迅速乘机牟利的金融家。

鲁希这时才（为时已晚！）收到拿破仑写来的要求增援的信。这场巨大的战役已决出胜负，但谁是胜者？

格鲁希和他的部队整整等了一夜。毫无结果！再也没有拿破仑的消息传来。似乎大部队已经将他们遗忘，而他们只能盲目而毫无意义地站在伸手不见五指的黑夜中。次日一早，他们拆除营地，准备继续行军。累死累活的人们似乎早已意识到行动的徒劳。上午十点，参谋总部的一名军官终于骑马飞奔而来。他一脸惊恐，头发湿答答地贴在双鬓上，浑身都在紧张地颤抖。大家赶紧扶他下马，焦急地向他提出诸多问题。可是这人张口结舌地说着他们听不懂的话，他们听不懂，或者他们不想懂。他说，再也没有皇帝了，再也没有皇帝的军队了，法兰西失败了。这简直是疯话、醉话。大家只能慢慢从军官的话中理出头绪，听出真相，弄懂了他那令人沮丧甚至令人崩溃的描述。格鲁希顿时脸色煞白，浑身哆嗦，用军刀撑着身体：他知道，自己舍生取义的时候到了。他决定果断地承担起全部失败的责任，这一不会被任何人感激的任务。格鲁希，这个在尚不明朗的紧要关头拒绝做出决定的顺从而怯懦的拿破仑下属，现在要在危机逼近时成为一名男子汉甚至英雄。他马上召集军官们——眼中噙着愤怒和悲伤的泪——发表了简短的讲话。他为自己的迟疑辩解，又带着惋惜地做了自我检讨。军官们昨天还对他面露愠色，现在都默默地听着。每个人此刻都可以埋怨他或自吹自擂：假如按照自己的判断行动该多好。但没人胆敢或愿意这么做。他们沉默着，沉默着。他们都被这突如其来的悲哀弄得哑口无言。

错失关键一秒的格鲁希此时—— 只是太晚—— 表现出一个军人的全部力量。他的伟大美德：谨慎、精明、周全和责任心在他恢复自信，不再拘泥于一纸公文后一览无遗。重兵包围之下，他的指挥堪称卓绝—— 未失一兵一卒，未失一门火炮就突破重围。他要去挽救法兰西，挽救帝国的最后一支军队。但当他抵达时，皇帝已经不在，没有人感激他，也没有敌人向他们冲来。他们来得太晚了，已经没有挽回的余地。在外人看来，格鲁希在往后的日子里仍获得了升迁。他被任命为总司令，成为法国贵族院议员，并且在每一个职务上都表现出男子气概，但这一切都无法赎回那失去的瞬间，那本该令他成为命运的主人，他却永远失去的瞬间。

尘世间，这样的瞬间极少光顾。而当它降临到一个不恰当的人身上时，这人并不懂得如何利用它。于是，这一伟大的瞬间进行了可怕的复仇。一切市民的美德：谨慎，顺从，勤勉，深思熟虑，在天命降临的烈焰中化为乌有，百无一用。这一刻需要天才。它蔑视地将胆怯之人一把推开并将天才一举锻造为不朽的丰碑。这世上的另一位神，命运，它高举勇者，以火热的双臂将英雄们举向天国。

Die Marienbader Elegie

马琳巴德哀歌

从卡尔斯巴德到魏玛途中的歌德（1823 年 9 月 5 日）

1823年9月5日的田间公路上，一辆旅行马车正从卡尔斯巴德缓缓驶向艾格尔。秋日的清晨凉意习习，冷风吹过收割完毕的麦田，广阔的大地上，天空一片湛蓝。四轮马车里坐着三个男人。萨克森—魏玛公国的枢密顾问冯·歌德（正如卡尔斯巴德疗养名单上的尊称）和他的两位随从：老仆施塔德尔曼和秘书约翰。后者是歌德新世纪全部作品的首次誊抄者。两人沉默不语，因为老先生自从在少妇和姑娘们的簇拥下，在她们的亲吻和祝福中告别卡尔斯巴德之后就一言不发。他一动不动地坐着，两位随从只能从他专注的神情中看出他内心的悸动。第一个驿站，他下了车，用铅笔在一张顺手摸到的纸上匆匆写着字。在随后驶向魏玛的整个途中，无论行驶，还是歇息，他都这样匆匆写着。第二天，刚一抵达茨沃陶，他就在哈腾堡宫内奋笔疾书，之后在艾格尔和珀斯内克也是如此。他每到一处都赶紧记下他在车上酝酿的诗文。日记中，他扼要地记录道：9月6日，构思诗句；9月7日，周日，继续写诗；9月12日，途中再次修订诗文。这首名曰《马琳巴德哀歌》的作品在目的地魏玛已经完成。它意味深长、发自肺腑，举足轻重。它是晚年歌德挚爱的作品，也是他对过去无畏的告别和他英雄般的新起点。

歌德曾在一次谈话中称这首诗为他的“内心日记”。或许在他的日常日记中，尚无一页记录能像这篇以悲怆地发问、悲怆地回响为诗的文件一样，如此坦诚清晰地将他内心感受的发生和发展呈现在世人面前：没有哪一种他青年时代爆发的诗情曾如此直接地出自某一动机和事件。没有哪部作品能如这首“为我们预备的神妙的歌”一般，环环相扣，栩栩如生。这一深刻、成熟，散发着秋日光辉的歌德七十四岁的晚期作品，正如他在和艾克曼[1]的对话中所说，是“激情巅峰的产物”。然而在形式上，它又兼具了高贵的节制：为此这最炽热的生命瞬间被刻画得既开放又神秘。百年后的今天，在他繁盛夺目的生命中，这一精彩篇章仍未枯萎暗淡。在未来的世纪里，9月5日这重要的一天也将保存在德国后代的记忆和情感中。

照耀着这一页、这首诗、这个人、这一时刻的是令他重生的那颗奇异的星。1822 年 2 月，歌德身患重病，连日高烧拖垮了他的身体，有时甚至昏迷不醒。他自觉不妙。医生虽觉危险，却查不明病因，束手无策。然而病来得快去得也快：6 月，歌德去了马琳巴德，却完全像换了个人。那场急病是他内心恢复青春的标志，像一场“新青春期”。一个沉默冷峻而充满学究气的人，一个几乎被诗歌占据了全部身心的人，几十年后再次听从了情感的

1　Eckermann，德国作家。他的著作包括《歌德谈话录》，记录了1823年至1832年间与歌德的私人对话。

安排。音乐“融化了他”。就像他自己所说，几乎每次听人演奏钢琴，尤其是听到像施玛诺芙斯卡那样美丽的女人演奏时，他总是泫然欲泣。出于最深处的热情，他和青年人聚在一起。人们惊讶地看见这位七十四岁的老人直到深夜还和女人们寻欢作乐，看见他多年后又去出席舞会，正像他自己曾自豪地说：“大部分漂亮姑娘都会在交换舞伴时拉我的手。”他呆板的秉性在这个夏天不可思议地活跃起来，整个灵魂被古老的魔术和永恒的魔法震慑。他在日记中泄露了真情：“春梦”和“昔日的维特”又在他身上复活—— 接触女人激发他创作了许多小诗和打趣的小品，就像半个世纪前他遇见莉莉·舒内曼[1]时一样。只是在选择哪位女性上，他仍旧摇摆不定：先是漂亮的波兰女人，之后，十九岁的乌尔丽克·冯·莱伍佐芙打动了他的心。十五年前他曾爱慕过她的母亲。一年前他还父亲般地称她为“小女儿”。可是现在，感情升华为激情，他整个人像是又被另一种疾病侵袭，这种疾病唤醒了他火山般的感情世界中多年来未曾有过的情欲。七十四岁的他像个小伙子一样，只要听见林荫道上的笑声，就赶紧搁下工作，不戴帽子也不拿手杖，朝那快活的女孩冲下楼去。不仅如此，他还像个小伙子，像个男子汉一般追求她：就这样，一幕荒诞的表演，一部略带色情的悲剧上演了。和医生秘密商议之后，歌德向他同伴中的年长者，大公爵吐露了心事，并请求大公爵去莱伍佐芙夫人那里替自己向她的女儿乌尔丽克求婚。而大公爵哪，一边回想着

1　Lili Schönemann，1775 年歌德相识于法兰克福的一位银行家的女儿。

五十年前那些他们一起追逐女人的美妙夜晚，一边或许在心里恶作剧般地嘲笑这个被德国人和欧洲人奉为本世纪最明智、最成熟，最清醒的人物—— 不过他还是正式地戴上星型勋章，去十九岁姑娘的母亲家，替七十四岁的歌德求婚。答复不为人知—— 她似乎采用了拖延政策，为此歌德成了个提心吊胆的求婚者。他的激情不断高涨，强烈地渴望占有这位温柔丽人的青春。只要她给他一个匆匆的吻或说几句亲切的话就足以让他无比喜悦。这个性急的人想趁热打铁：他痴情地跟随心爱的人从马琳巴德到了卡尔斯巴德，可是在那里，他梦寐以求的心愿仍未得到满足。夏日即将远去，他的痛苦与日俱增。告别的时刻已经临近，但他仍未得到任何承诺和暗示。直至车轮滚动起来时，这位大预言家才感觉到，自己生活中的一件非凡之事已经终结。不过在最黑暗的时刻，上帝这位古老的安慰者，痛苦永恒的伴侣却如期而至：天才歌德无法获得尘世间的安慰，已痛苦到无以复加，只好呼唤上帝！正如以往，他总是从现实世界逃向诗歌的世界。这位七十四岁的诗人最后一次怀着神妙的感激之心，以他四十年前为塔索[1]写下的诗行作为题词，献给了他最后的恩典，表达了他对再次经历爱情的震惊：

人在苦楚中陷入沉默，
上帝却赐我言语，诉说不幸。

1　Tasso，意大利诗人。

年迈的诗人坐在滚滚向前的马车中，为心中那些没有答案的问题烦闷。一早，乌尔丽克还和她妹妹匆忙赶来，在嘈杂的告别中与他辞行。她还用她年轻而可爱的嘴唇亲吻了他。然而这吻是温情的吻？还是女儿般的吻？她会爱上他吗？会忘记他吗？而他的儿子、儿媳，正焦躁地期盼着他丰厚的遗产，他们会容许他的婚姻吗？世人难道不会嘲笑他？难道明年对于她来说，他不是更加衰老？就算再见到她，他还能指望什么？一连串的问题在他内心盘踞。突然，一个最迫切的问题变成了诗行。它来自上帝的恩典："诉说不幸。"内心的呐喊，强烈而饱满的冲动，直接而不加掩饰地步入诗行：

今日仍是一朵未开之花，
又能对再会作何期盼？
天堂、地狱由你定夺，
我的心绪啊，纷繁不宁！

痛苦的流泉奔入晶莹的诗篇，纷乱的思绪被奇妙地净化。诗人心境愁烦，徘徊在压抑的气氛中偶尔举目远眺。行驶的车窗外，他看见清晨寂静的波西米亚风光，一派神圣的祥和与他内心的不安两相比照，这刚刚瞥见的画面随即潜入诗行：

世界不再一如往常？悬崖峭壁，
不再被神圣的晨光加冕？

庄稼，不再成熟？一片绿色的原野，
不再绵延至河畔的丛林和牧场？
苍穹不再布满超越凡尘的景象，
千姿百态又转瞬行迹无踪？

然而这世界无法占据他的灵魂。他在这热恋时刻领会到的一切景观都与他爱人的倩影相连。记忆又魔术般地焕发新的神采：

何等轻盈秀丽，何等明亮温柔，
像萨拉弗天使，自庄严的云朵圣殿间，
就像她，在湛蓝的苍穹上，
从光明的芬芳中绽露修长的倩影！
你看她妙曼的舞步多么欢快，
妩媚的身姿中数她最妩媚。

但只是一瞬，你能捕获
那代替她本人的幻象，
回到心间吧！那里你才能更好地发现，
她的身姿在那里变换万千：
一个身影变成许多身影，
绰约多姿，愈加可爱。

刚刚驱走心魔，乌尔丽克的倩影就再次浮现眼前。他描写了她如何占据他的心，如何令他“逐级沉入幸福”，她如何在最后的吻之后又将那最终的吻印在他的唇上。在巨大的幸福回忆中，这位大师以高尚的形式写出关于倾心与爱的诗篇，这诗篇无论在当年的德语中还是在任何其他一种语言的写作中都极为纯洁：

我们纯洁的胸膛中激荡着热情，
出于感激而甘愿献身于
一位高贵圣洁的未知者。
辨认那永恒的未命名者；
我们称之为：虔诚！——如此崇高的福祉
我自觉有份，当我站在她的面前。

被遗弃的人沉醉在极度的幸福中，却不得不忍受当下的分离之苦。痛苦迸发出来，几乎破坏了这部杰作崇高的哀歌体格调。情感的道白，多年来初次实现了直接由经历转换为诗篇。这悲叹如此震撼人心：

我已远去！现在这一刻，
该如何是好？我无话可说。
她赐予我的至美财富，
已成为我的重负，我必须摆脱它。
难以抑制的渴望围剿我，
我别无他策唯有泪涕涟涟。

接着，最后的可怕呐喊，几乎无法更加高亢：

遗弃我吧，忠诚的旅伴们，
让我独自留在山崖、沼泽和泥潭！
你们去吧！世界向你们敞开，
大地宽广，天空明亮而高远；
去观察，去研究，去搜集细节，
去结巴着掀开自然的奥秘。

我已失去一切，失去自己，
虽然我方才还蒙受神明恩宠；
他们考验我，赐我潘多拉，
她富有美善，亦富有灾难；
他们逼迫我亲吻那圣泽的芳唇，
他们又离弃我——将我打入深渊。

平日里内敛的诗人从未创作过类似的诗篇。年少时他就懂得隐藏情感，成年后亦知节制。他通常只以影射、隐喻和象征来吐露深藏内心的秘密。现在他已成为老翁，却初次尽情释放心怀。五十年来，对于这位内心丰沛的伟大抒情诗人来说，他的生活或许从未像这不朽的篇章一样，像这一重要的转折时刻一样生机勃勃。

歌德自己也觉得这首诗的创作极为神秘，仿佛它是命运珍贵的恩赐。刚刚回到魏玛的家中，他就先于其他工作和家庭事务，开始亲手誊抄这首具有高度艺术性的“哀歌”手稿。三天来，他就像一位修士在修士间苦修，他在精挑细选的纸上以庄重的大体字誊抄这首诗，亲手完成了装订，以免那些多嘴的人不经意地散播出去。最后，他将一根丝带捆在红色的羊皮封面上（之后又变成精良的蓝色亚麻布封面，至今陈列在歌德与席勒档案馆中）。那些天既烦闷又令人懊恼。他的结婚大计在家中遭到嘲笑，他儿子甚至公开反对。他唯有在诗句中的爱人身边流连。直到漂亮的波兰女人施玛诺芙斯卡前来拜访，才让他重新感受到马琳巴德那些日子里的阳光，让他再次变得健谈。10月27日那天，他终于把艾克曼叫来，极为庄重地朗读了这首诗的开头。这证明了他对这首诗的偏爱。仆人在书桌上放好两盏烛台后，才请艾克曼在烛台前就座，阅读这首哀歌。之后也有其他值得信赖的人阅读过这首诗。正如艾克曼所说：“歌德像守护圣物一般守护它。”接下来的几个月表明，这首诗在他生命中占据了重要地位。这位重返青春之人不断好转的健康状况突然出现恶化，他似乎再次濒临死亡。他不断地从床上挪到扶手椅上，再从扶手椅回到床上，不得安宁。儿子十分恼火，儿媳出门旅行，没人照顾他，也没人给这位患病的老人一点建议。这时歌德最信任的好友策尔特从柏林赶来，显然是朋友们的主意。他马上看出歌德内心的火焰。他惊讶地写道：“我看见一个正在恋爱的人。他带着一个热恋的青年人的痛苦全身心地爱着。”为了治愈他，策尔特一遍遍带着“真挚的同情”朗读他的诗作。而歌德也不知疲倦地听着。“这真是特别，”康复中的歌德写道，“你用饱满的感情，温柔的声音为我朗读，让我一次次听见，我的内心正爱得多么深沉，虽然我并不乐意承认。”他接着写道：“我不能把这首诗交出去。但我们在一起的日子，你一次次念给我，唱给我，乃至你几乎能背诵下来。”

正如策尔特所说：“是那只刺伤他的矛，又医治了他。”也可以说是歌德的诗挽救了他。他最终战胜了痛苦，打消了最后的一丝令人绝望的念头。他和心爱的“女儿”结婚的梦想终结了。他知道，他不会再去马琳巴德，去卡尔斯巴德，不会再去那个无忧者们逍遥快活的游戏世界。在他今后的生命中只剩下工作。这位经受了考验的人放弃了命运的新起点，而一个伟大的词驶入他的生活，这个词是“完满”。他将注意力集中于他六十年来零散纷乱的作品中。尽管现在无法创作，但他可以整理。他签订了“全集”的合同，获得了版权。他再次将他荒废在十九岁姑娘身上的爱赋予他青年时代的老伙伴：《威廉·迈斯特漫游时代》和《浮士德》。他精力充沛地投入到著作中。那些来自上个世纪的发黄草纸上的计划继续生效。临近八十岁时，《威廉·迈斯特漫游时代》创作完成。八十一岁，他又以英雄般的意志继续他生命中的“重要事业”——《浮士德》。在诞生《马琳巴德哀歌》的那些命中注定的悲剧般的日子的七年后，《浮士德》圆满完成。像对待“哀歌”一样，他以同样的敬畏和虔诚将它封存起来，对世界守口如瓶。

在两种感情的天体间，在最后的渴念和最后的断念间，在情欲的起始和创作的完满间，1823 年的 9 月 5 日那告别卡尔斯巴德，告别爱的一天，是他情感的巅峰。他内心经过这一难忘时刻的转变，从令人震惊的悲叹步入永恒的宁静。我们可以说，这个日子值得纪念。德国诗歌中从此再也没有描写这种感性的伟大时刻的诗歌，像这首强大的哀歌般澎湃着鸿蒙之声。

Die Entdeckung Eldorados

发现黄金国

约翰·奥古斯特·苏特尔，加利福尼亚（1848 年 1 月）

一个厌倦欧洲的人

1834年，一艘美国轮船从勒阿弗尔[1]驶向纽约。船上的数百名亡命徒中，有个叫约翰·奥古斯特·苏特尔的人。他三十一岁，老家在巴塞尔附近的吕内贝尔格。这位破产者、扒手和汇票伪造者想赶紧越洋远离欧洲法庭。他丢下妻子和三个孩子，在巴黎搞到一份假证件和一些钱，踏上了寻觅新生活的旅途。7月7日，他登陆纽约。之后的两年间，他做了些他能做的和不能做的行当。他当过包装工、牙医，卖过药，开过卫生用品店和小酒馆儿。最终他赚了些钱，开了家客栈，但不久又将其出售，跟随时代的魔幻列车到了密苏里。在密苏里，他经营农业并快速积蓄了一小笔财富，可以安稳度日。但总有皮货商、猎人、冒险家和士兵们从他门前经过。他们从西部来，或到西部去。“西部”这个词渐渐地变得充满魅力。人们知道，要到西部去，首先要经过一片无边的草原。草原上是成群的野牛，哪怕走上一天、一周的路，也见不到一个人影，唯有红皮肤的印第安土著在追逐猎物。接着是高山峻岭，最后才是那片别致的“西部”之地。没人知道那里的具

1 La Havre，法国北部海滨城市。

体情形，但它的富庶人尽皆知。加利福尼亚那片传说中随处流淌着任人取用的奶和蜜的土地当时还玄妙莫测——只是那里极为遥远，要冒着生命危险方能抵达。

但约翰·奥古斯特·苏特尔的身上流着冒险家的血。安居乐业对他没有吸引力。1837 年的一天，他变卖了家产，纠集了一支远征队，带着车马和一队野牛，从印第本斯堡出发，奔赴那片未知之地。

进军加利福尼亚

1838年。两名军官，五名传教士和三名妇女跟随苏特尔坐着牛车奔向无垠的远方。他们穿过一片片草原，翻越群山，朝太平洋的方向行驶，经过三个月的旅途，于10月底抵达温哥华。两位军官早就离开了苏特尔，传教士们中途放弃，三名妇女则饿死在半路上。

只剩下苏特尔独自一人。有人想留他在温哥华，还给他谋了职务，但他通通拒绝。那个充满魔力的名字已嵌入他的骨髓。他驾着一艘小帆船驶向太平洋，到达夏威夷群岛后又沿着阿拉斯加海岸排除万难抵达了人烟稀少的圣弗兰西斯科——当时那里可不是如今地震后飞速发展的百万人口大都会，甚至也不是墨西哥不知名省份加利福尼亚的省会——不，它还只是个贫困渔村，被弗兰西斯科教派的传教士赋予了名字，没人经管，寸草不生，闲置在新大陆繁荣的地带中。

由于暴乱频发，再加上缺乏富有威望的人，缺乏向心力和劳动力，西班牙属地的混乱局面不断升级。苏特尔租了一匹马，向肥沃的萨克拉门托山谷骑去：一天工夫，他就心中有数，这里可不是只能建造农庄农场，这里可以建立王国。第二天，他骑马到了简陋的首府蒙特来，向总督阿尔瓦拉多做了自我介绍并阐明了他要开垦这片土地的意图。他从夏威夷群岛带来了卡纳卡人，这些勤快肯干的有色人还将从那里陆续迁来。他要建立殖民地和一个名叫新黑尔维提安的小国。“为什么叫黑尔维提安[1]？”总督问。“因为我是瑞士人，是个共和主义者。”斯特尔说。

“好吧，您想怎么干就怎么干。我给您十年的开采权。”

很明显，事情就这样敲定了。一个人的能力在距离文明世界千里之外的地方获得了和在家相比截然不同的犒赏。

新黑尔维提安

1839 年。一行商队沿着萨克拉门托河岸缓慢地向上游进发。走在最前面的是骑马的苏特尔，他腰间别着枪，身后跟着两三个欧洲人。接着是一百五十名穿短衫的卡纳卡人和三十辆满载生活用品、种子和弹药的牛车，五十匹马，七十五头骡子、奶牛

1　Helvetien，瑞士旧称。

和绵羊，最后是一小队后卫队——这就是即将征服新黑尔维提安的全部人马。

巨大的火焰翻滚在这队人马面前。比起砍伐树林，这些人采用了更省力的焚烧方式。冲天的大火刚刚烧了地，树根还冒着浓烟，他们就开始造仓库，挖水井，在无须耕种的土地上撒满种子，为源源不断到来的牲口筑起围栏，逐渐从近处荒废的传教士殖民区迁移新人。

他们获得了巨大的成功。种子结出五倍的硕果，谷仓满得快要胀开，牲畜也很快成千上万。尽管在这片土地上仍然存在着层出不穷的困难，他们还要对付那些不断进犯这片繁荣殖民地的土著，但新黑尔维提安的疆域已经得到了巨大的拓展。大量的水渠、磨坊和交易站已经建成。船只在江河上穿梭往来。苏特尔不仅为温哥华和夏威夷群岛提供供给，还供给所有停靠在加利福尼亚的帆船。他种植的水果，已成为今天的加利福尼亚的著名盛产。老天！这里种什么都枝繁叶茂！于是他又从法国和莱茵河流域引进了葡萄种子，不消几年，种子就结出铺天盖地的果实。而苏特尔也为自己建造了多处华丽的房屋和农庄。他花了一百八十天工夫，从巴黎运来了普莱耶尔牌钢琴。六十头牛穿越了整个新大陆，从纽约运来了蒸汽机。他在英国和法国的大银行都拥有信贷和巨款。现在，他四十五岁，处于胜利的巅峰。他想起十四年前，他丢在世界上某个角落的妻子和三个孩子，于是写信给他们，邀请他们到他的领地来，因为他现在拥有权力，他是新黑尔维提安的主人，是世界上最富有的人之一，并且将永远富有下去，而美利坚合众国早晚会将这片被忽视的殖民地从墨西哥人手中抢回来，那样，一切就变得更加牢靠。

又过了几年，苏特尔果真成了世界上最富有的人。

致命的挖掘

1848年1月。木匠詹姆斯·W. 马歇尔突然激动地闯进约翰·奥古斯特·苏特尔的家，说他务必和他谈谈。苏特尔十分惊讶，他昨天刚派马歇尔到自己那家位于柯洛玛的农庄造一间新锯木厂，他怎么现在就未经允许回来了，还激动得浑身发抖。马歇尔将苏特尔推进房间，关上门，从口袋里掏出一把掺杂着黄色金属的沙子，这是他昨天挖地时注意到的奇特金属。他相信，这是金子，尽管其他人都嘲笑他。苏特尔立即严肃起来。他接过沙子马上去做了化验：的确是金子。他决定第二天就骑快马去趟农庄。木匠马歇尔是被这一即将震惊世界的可怕狂热攫住的第一人：他连夜就冒雨骑马回到农庄，迫不及待地去控制事端。

第二天一早，上校苏特尔抵达柯洛玛。他们马上堵截水渠并检查那里的泥沙：只要拿一个筛子轻晃几下，金色的颗粒就留在黑色的漏网上。苏特尔赶紧将几个白人纠集到一起，让他们发誓保密，直至锯木厂建成。接着，他骑马回到了自己的农庄。他异常兴奋：在他的记忆中，还从未有人能如此轻易地获得黄金，它就这么暴露在地面上，而这块地可是他苏特尔的财产。这一夜好似跳到十年后：他成为世界上最富有的人。

淘金热

最富有的人？不—— 他很快成了世界上最贫穷、最可怜、最绝望的乞丐。八天后，一个女人泄露了秘密—— 总是女人！——她把这件事讲给了一个路人，还给了他几粒金沙。接下来史无前例的事情发生了。苏特尔的所有人马都放下了手头的工作。铁匠跑出了锻造厂，牧羊人撇下了羊群，种葡萄的离开了葡萄藤，士兵们丢下了武器。所有人都像中了邪似的迫不及待地带上筛子和铁锅奔向锯木厂，去泥沙里淘金。一夜之间，整片土地荒无一人。奶牛没人挤奶，嘶吼着毙倒在地；野牛们冲出围栏，踏平了良田，庄稼倒在秆子上。奶酪厂停了工，谷仓坍塌，巨大工厂内的轮盘停止转动，而电报则将这一发现黄金的消息不分昼夜地越过陆地和海洋传送出去。于是各个城市和港口的人们纷纷行动起来。水手们离开了他们的船，政府的公务员放下了职务。人们络绎不绝地或步行或骑马或乘车，从四面八方排着长长的看不到尽头的纵队纷至沓来。淘金的人像黑压压的蝗虫般涌入这片繁荣的殖民地。他们是一群无疆而野蛮的乌合之众，不识法律，只认拳头，没有什么戒律能比得上他们的左轮手枪。对于他们来说，这里的一切都没有主人，也没人敢对他们这群亡命徒指手画脚。他们宰了苏特尔的牛，拆了他的仓谷，盖起了房子。他们践踏他的耕地，偷走他的机器——一夜之间，约翰·奥古斯特·苏特尔成了乞丐，就像国王米达斯[1]一样窒息在自己的黄金中。

这一前所未有的淘金风暴愈演愈烈。消息很快传遍世界。光从纽约就驶来一百艘船。德国、英国、法国和西班牙的冒险家们也于1848至1851年间接踵而至。有些人从合恩角绕行，但对那些急不可待的人来说，这条路实在太远，于是他们选择了横穿巴拿马地峡这条危险之路。一家眼尖手快的公司赶紧在地峡处修建了铁路。为了那些急不可耐的人能提前三到四周够得黄金，上千名工人因寒热病赔上了性命。数量庞大的商队和各种种族，说不同语言的人们横跨美洲大陆，来到约翰·奥古斯特·苏特尔的土地上挖掘黄金，就像在自己的土地上一样。圣弗兰西斯科，这片政府担保属于苏特尔的土地，以梦幻般的速度成长为一座城市。陌生人之间互相买卖着土地。而苏特尔的王国新黑尔维提安，却在黄金国和加利福尼亚这些富有魔力的字眼面前消失无踪。

约翰·奥古斯特·苏特尔呆望着这场巨大的浩劫。他已再次破产。起初他也想带着他的仆从和同僚们一起加入淘金者的行列榨取财富，但所有人都离开了他，于是他只好从淘金区撤出，回到山间与世隔绝的农庄隐居，远离那条该被诅咒的河流和那些肮脏的泥沙。在那里，他终于等到了他的妻子和三个即将成年的儿子。只是抵达后不久，他的妻子就因旅途劳顿而死去。好在三个儿子还在。约翰·奥古斯特·苏特尔和他的三个儿子，八条胳

1　Midas，希腊神话中点石成金的国王，后来在黄金中窒息而死。

膊，开始重新经营农业。他再次振作起来，默默耕耘，利用这片绝好的肥沃土壤，再次悄悄酝酿着伟大的计划。

诉讼

1850年，加利福尼亚已经并入美利坚合众国的版图。在国家严苛的治理下，秩序终于跟随财富来到了这片拥有黄金的土地上。混乱状态得到了控制，法律重新赢得了权力。

这时，约翰·奥古斯特·苏特尔突然站出来为自己争取权益。他有充分的理由和权利证明圣弗兰西斯科城的全部土地归他所有。政府有责任赔偿他因盗窃遭受的财产损失。所有在他的土地上挖出的黄金他都有份。于是一场诉讼开始了。诉讼所涉及的范围之广在人类历史上前所未有。约翰·奥古斯特·苏特尔状告了落户在他的庄园里的全部农民，要求他们撤走。他要求加利福尼亚州支付他两千五百万美元作为赎买他开路、架桥、挖渠、建坝的费用。他还要求联邦政府赔偿他两千五百万美元财产损失，并且归还他应得的黄金。为了打官司，他把他的小儿子送到华盛顿去攻读法律，并将新农庄的收入全部花在昂贵的诉讼上。光完成诉讼程序，他就花了四年时间。

1855年3月15日，判决终于公布。加利福尼亚的最高长官，刚正不阿的法官汤普森宣判，约翰·奥古斯特·苏特尔的权益不容侵犯。他对土地的要求完全合法。

这一天，约翰·奥古斯特·苏特尔的目的达到了。他成了世界上最富有的人。

结局

世界上最富有的人？不，他依然不是。他成了世界上最贫穷的乞丐，最不幸、最悲惨的人。命运再次凶残地打击了他，而这次他将永世不得翻身。圣弗兰西斯科和整个加利福尼亚州的人得知这一判决结果后掀起了风暴。成千上万感到自己的财产受到威胁的人和街上那些一贯以抢劫为生的无赖流氓一齐冲进法庭，一把火烧了它。他们还到处寻找法官，要私刑处死他。为了洗劫约翰·奥古斯特·苏特尔的财产，他们结成浩荡的一队。苏特尔的长子在强盗们的包围下开枪自尽，二儿子也被凶残地谋杀。小儿子虽然得以脱身，却在回家的路上淹死。整个新黑尔维提安被一片火海包围。苏特尔的全部农庄均被烧毁，他的葡萄藤被践踏得惨不忍睹，他的家具、收藏和钱财被洗劫一空。他的财富在这些人残暴的愤怒中化为乌有，就连他自己也差点送命。

这次打击彻底击垮了约翰·奥古斯特·苏特尔。他没有了事业，妻子和孩子们也都相继去世，他已经神志不清：在他混乱的头脑中，唯一盘踞的念头是寻求法律，提出诉讼。

就这样，华盛顿法院的门前，一位衣衫褴褛精神恍惚的老人徘徊了二十五年。所有法院里的人都认识这位穿着肮脏的外套和一双破鞋的“将军”。他要求得到亿元赔偿。总有些企图侵吞他养老金的律师、冒险家和滑头怂恿他重新上诉，而他自己其实并不想要钱。他憎恶黄金。是黄金令他一贫如洗，是黄金谋杀了他的三个儿子，毁了他的生活。他只是带着偏执的愤怒，想要得到属于他的权利。他去参议院申诉，去国会申诉。他信任各种声称愿意帮助他的人。这些人嘲弄他，为他穿上可笑的将军制服，就像为一匹马套上龙头。他们带着这个可怜的傀儡从一座官府走到另一座官府，拜访一个又一个议员。从 1860 年至 1880 年，他整整奔波了二十年，不幸地行乞了二十年。他日复一日地在国会大厦的楼下游荡，被所有的官员嘲笑，就连街上的小混混也戏弄他。他，令人生厌的世界上最富饶的土地的所有者—— 在这片本属于他的土地上，屹立着日新月异的富庶之国的第二大城市，但人们却只把等待留给他。1880 年 7 月 17 日下午，他终因心脏病猝死在国会大厦的台阶上。人们抬走了他，一个死去的乞丐，怀里仍揣着诉状，要求按照世间的法律，确保他和他的继承者得到一笔人类历史上最大的赔偿。

迄今为止，没有人要求得到苏特尔的遗产，也没有他的后裔继续他的申诉。整个圣弗兰西斯科依旧屹立在不属于他的土地上。至于他的权利，依旧无人论及，只有一位叫布莱斯 · 桑德拉斯[1]的作家给了被人遗忘的约翰 · 奥古斯特 · 苏特尔的命运唯一的公正，让后世能惊叹着想起他。

---

1 Blaise Cendrars，法国作家。他在纪实文学《黄金》中忆及苏特尔。

Heroischer Augenblick

英雄的瞬间

陀思妥耶夫斯基，彼得堡，谢苗诺夫斯基广场（1849 年 12 月 22 日）

深夜他们从睡梦中呵醒他，
军刀响彻地牢。
命令的声音。在恍惚中
晃动着幽灵般骇人的黑影。
他们推搡他，步入深邃开裂的走廊。
悠长而黑暗，黑暗而悠长，
门闩尖叫，铁门轰然打开。
接着他感到天空和凛冽的空气。
一辆囚车，一座滚动的坟墓，
他被匆忙推进去。

他身旁是戴着镣铐，
沉默苍白的
九位同志；
一声不响，
但人人都预知，
囚车将他们带向何方。

滚动的车轮下，
他们的生命就夹在轮辐间。

囚车停住，车门嘎吱作响：
透过打开的铁栏，
他们昏沉的双眼艰难地
凝望一方阴暗的世界。
几间平房围成方形，
低矮的屋顶挂着肮脏的霜，
圈住的广场布满黑暗和雪。
浓雾像灰色的抹布，
笼罩刑场。
唯有金色的教堂四周，
散发着清晨冰冷而血色的光。

他们沉默地列队站立。
一名少尉宣读判词：
因武装政变，判处死刑。
死刑！
“死刑”像滚落的巨石
凿穿寂静的冰面。
声音坚硬，
破冰而沉。

空洞的闷响跌进无声的坟茔，
消散在冷寂的清晨。

他依稀感到眼前的一切，
宛如梦境。
他只知道，他现在必死！
一名士兵出列，
走到他面前默默地为他披上
白色的，寒风中颤抖的死囚服。
同伴们以灼热的目光，
无声的呐喊，
做最后的道别。
神父肃穆地递上十字架并提醒他
亲吻救主。
接着，他们十人，分为三队，
被绳索捆绑在刑柱上。

一位哥萨克士兵
快步上前。
他要蒙住他面对步枪的双眼。
他知道：这是最后一次！
在他永久安眠之前
贪婪地凝望头顶天空中的，

少许世间：

他看见教堂在晨曦中发光：

就像为了最后的晚餐

以绚丽的朝霞灼红它的外墙

他带着突如其来的幸福凝视教堂

就像凝视死亡背后那上帝的生命……

现在他们用黑夜蒙住他的双眼。

但在他心中

血液却开始缤纷地奔涌。

镜像的洪流

从鲜血中浮现出

生命的画卷。

而他感到，

这一秒，这临终时刻，

所有逝去的往昔

再次冲撞他的灵魂：

他整个生命再次觉醒，

以一道道风景穿越他的胸膛。

苍白、无望而黯淡的童年，

父亲和母亲，兄弟和女人，

三段破碎的友谊，两杯欢娱，

一场浮华梦，几分屈辱；
逝去的青春画面
顺着每根血管火焰般翻滚再现，
他心灵深处再次感到他自己完全的存在，
直到他们将他
捆绑在刑柱上的头一秒。
接着，理智的阴影，
黑暗而沉重地
笼罩他的灵魂。
而这一秒
他感到，似乎有人向他走来，
他听见漆黑而无声的脚步，
近了，更近了，
仿佛那人将手按在了他的胸膛。
他心跳无力……更无力……乃至停止——
再过一分钟——它将永恒止息！
哥萨克士兵
迎面排成射击队列……
端起枪，子弹上膛……
急促的鼓声在空气中炸裂。
这一秒，漫长如千年。

突然，一声大吼：

住手！

一名军官

走上前来，挥舞着跳动的白纸，

他清晰而响亮的声音打破

等待中的死寂：

沙皇

仁慈为怀，撤销原判，

这是他的圣意。

改为发配。

听上去

依旧陌生：他无法明白其中意义，

但是血

又在血管中变得鲜红，

它们开始奔涌，开始轻声歌唱。

死神

迟疑着从僵硬的关节中爬出。

眼睛虽然还被蒙着，一片漆黑

却感到永恒的光明

从四面向它示以问候！

执法官
无声地为他松绑，
从他灼痛的颞骨上
取下白色的绑带，
就像取下龟裂的桦树皮。
梦游般的双眼从坟墓中睁开
笨拙地触摸光线，刺目而衰弱地
重新回归
誓死永别的人间。

现在他又看见
那同一座教堂的金顶，
在冉冉的朝霞中
绽放神秘的光芒。

朝霞似怒放的玫瑰，
以虔诚的祈祷环抱它
发光的柱头；
以合十的手，
似神圣的剑，指向天际
那愉快的红云。
而上帝的圣殿
在教堂上方的曙光中辉煌地升起。

光的洪流
挥舞着热烈的波浪，
直达乐音缭绕的天堂。

一团团雾沼
升起浓烟，就像
所有尘世间沉重的负荷，
融入神圣的晨光。
从深渊中冲出不断强烈的声响，
万千种声音哀号着汇成合唱。
他平生第一次听见
人间全部的苦难，
人类灼痛的呻吟，
汹涌着响彻穹苍。

他听见弱小者的声音。
寄人篱下的女人，
自嘲自弃的娼妓，
被欺凌者的怨愤，
孤寂者，与微笑无缘。
他听见孩子们抽噎、哭喊，
被暗地诱骗的人惊呼着晕厥不起，
他听见所有受难者的声音。

被遗弃的人，麻木的人，被嘲弄的人，
所有街巷，所有日夜间
寂寂无闻的殉道者，
他听见他们的声音，
以强有力的旋律
冲向敞开的天际。
他看见，
唯有痛苦向上帝飘升，
潦倒的生活
带着沉重似铅的幸福
仍将其他人滞留在大地上。
在尘世苦难之歌
齐声哀号的波涛中，
天上的光却愈发明亮。
他知道，这一切、一切，
上帝将俯听，
他的天堂已发出悲悯的巨响！

上帝不会审判
贫者。
无尽的慈悲
以永恒的光明燃烧他的天庭。
末日审判的四骑士四方狂奔，

对于在死中经历生的人
痛苦将变为喜悦，幸福将成为折磨。
热情的天使已带着光照
降临人间。
神圣的，痛苦中诞生的爱
光芒四射地深深地照进颤抖的心房。

这时他跌倒一般跪下双膝，
他真切地感到整个世界
充满无尽的痛苦。
他身体抽搐，
口吐白沫，
而极乐的泪水
打湿了他的死囚服。
因为他感到，就在刚刚
他亲吻了死神苦涩的嘴，
他的心品尝了生的甜蜜，
他的灵魂遭受了折磨与酷刑。
他清楚
这一秒钟的他，
成为数千年前被钉在十字架上的那位
他。像他一样，
自从经受了滚烫的死亡之吻

因为受难，而必须热爱生。

士兵们将他从刑柱上卸下

他的脸

苍白如灰。

他们粗暴地

将他推回死囚的行列。

他的目光

异于方才，陷入内在的深思，

他颤抖的双唇上，挂着

卡拉马佐夫式[1]的苦笑。

---

1 《卡拉马佐夫兄弟》（*Die Brüder Karamasows*）是陀思妥耶夫斯基的最后一部小说，写于1878至1880年间。

Das erste Wort über den Ozean

越洋的第一句话

赛勒斯・韦斯特・菲尔德（1858 年 7 月 28 日）

新的节奏

数千年，乃至数十万年，自从被称为“人”的特殊物种登陆地球以来，尘世间还没有过什么别的东西比奔跑的马、滚动的车轮、摇橹的或扬帆的船更能高效地向前运行。我们称之为“世界史”的狭促而被人类意识光照的空间内，虽然存在着大量的科技进步，但在运动节奏方面却并无明显加速。华伦斯坦[1]军队的行军速度不比恺撒大帝的罗马军团快。拿破仑的大军也不比成吉思汗的征战军更迅捷。纳尔逊的三杆战舰渡海的速度只略快于维金人的海盗船和腓尼基人的商船。拜伦爵士在他的《恰尔德·哈罗尔德游记》[2]中，每日行程的里数比奥维德[3]的“诗歌流亡”只多几里。十八世纪歌德的旅行和使徒保罗在世纪初的旅途相比，舒适快捷程度不相上下。拿破仑时代和罗马帝国统治时期，国与国之间在空间和时间上的距离并没有改变。人类的意志依旧无法战胜物质的阻力。

---

1 Wallenstein，17 世纪欧洲三十年战争期间神圣罗马帝国的军事统帅。

2 *Childe Harolds Pilgerfahrt*，诗中记录了哈罗尔德的旅行。

3 Ovidius，罗马诗人，曾被流放黑海。

人间速度的尺度和节奏直至十九世纪才发生根本的改变。十九世纪最初和第二个十年，人民和国家之间往来的速度就已经超越了过去的世纪。乘火车或轮船，过去需要几天时间的旅行，现在一天内即可完成。过去漫漫几小时的路程，现在一刻钟或几分钟就能走完。然而铁路和轮船的发明，这一划时代的新速度的胜利，依旧停留在人们可以理解的范畴。因为这些老式交通工具所创造的在当时人们熟悉的速度上五倍、十倍乃至二十倍的提升，凭肉眼，凭感受，大家尚可捉摸，尚可对这一所谓奇迹做出解释。真正令人始料不及的是电力效应的最初成就。“电”就像赫拉克勒斯[1]一样，是个巨人。它在摇篮中就推翻了迄今的一切定律，摧毁了一切行之有效的规则。我们这些后世之人永远无法理解前辈们在第一次体验到电报的速度时的惊讶和他们巨大的兴奋与热情。微小得几乎无法感知的电火花，昨天还在莱顿瓶中，只能伸出一寸长、最多伸到一个指关节处噼啪作响，今天就一下子拥有了恶魔般的力量：穿越国家，山峦和整片大陆。一个未经深思熟虑的想法，一纸墨迹未干的文书，瞬间就被千里之外的人们捕获、阅读和理解。振荡在细小的伏特电棒两极间那看不见的电流，能从一端到另一端，穿越整个世界。物理实验室中玩具般的机器，昨天才能通过玻璃片的摩擦吸几片纸片，今天就瞬间获得了高于人类肌肉几百万倍乃至几亿倍的力量和速度，传递消息，驱动车辆，以灯光照亮街道房屋，像精灵般在空气中

1　Hercules，希腊神话中的大力士。

浮荡。“电”的发现让空间和时间的关系发生了创世以来根本性的改变。

具有世界历史意义的是1837年。这一年，被自然隔绝的人类通过电报首次同时获悉了彼此的经历。尽管学校的教科书中很少提及这一年——令人遗憾，编撰教科书的人始终认为战争或某位统帅、某个国家的获胜比人类共同的胜利更为重要。可是那一年对人类心理产生的广泛影响，在近代历史中尚无一日能与其相提并论。自从巴黎的人们同时知悉了阿姆斯特丹、莫斯科、那不勒斯和里斯本发生的事，世界被彻底改变了。人类只须再迈出最后一步，就能将世界上其他大洲也并入这伟大的连接中，建立起整个人类的共同意识。

然而大自然仍旧为抵抗人类最后的结合设置重重障碍。那些被大海隔绝的国家，仍然有二十年时间无法实现彼此间的电讯联系。电线杆之间因为有了绝缘磁罩，电流才可能毫无阻碍地向前传递；而在大海中，除非发明一种能在潮湿的海水中绝缘铜丝和铁丝的物质，否则铺设电缆不可能成为现实。

幸运的是，在科技进步的时代，一项发明总能向另一项发明伸出援手。陆地电报普及的几年后，古塔胶便随即诞生。它是一种能使电缆在水中绝缘的特效材料。有了它，人们可以开始着手将欧洲对岸最重要的国家——英国，纳入欧洲电报网中。一位名叫布莱特的工程师在后来布莱里奥[1]首次驾驶飞机飞

1 Bleriot，法国工程师。1907年曾驾驶自己制造的飞机从法国抵达英国。

越海峡的位置，铺设了第一条电缆。但一个愚蠢的事故却阻碍了他的成功：布伦的一位渔夫以为自己钓到了一条巨型鳗鱼，将布莱特已经铺设好的电缆从大海中拽了出来。不过1851年11月13日的第二次电缆铺设最终获得了成功。从此欧洲连接了英国。欧洲成了真正的欧洲，用唯一的大脑和唯一的心脏经历着时代发生的一切。这一巨大成就只发生在短短几年之内—— 在人类历史中，十年和眨眼间又有何区别？—— 毫无疑问，它唤起了一代人的巨大勇气。人们尝试的一切都像梦幻般迅速获得圆满成功。几年间，英国和它遥对的苏格兰，丹麦和瑞典，科西嘉和欧洲大陆就建立了电报联系。人们还准备尝试建立欧洲和埃及乃至和印度的电报网络。但地球上的另一大洲，恰恰是最重要的一洲，显然并没有被列入这一世界电网之内：它就是美洲。因为在两片浩瀚的大洋—— 大西洋和太平洋之间无法建立驿站，更别说用一根电缆将它们串联。在“电”的童年时代，仍有许多事物不为人知。人们无法测量海洋的深度，对海洋的地质结构一知半解，对在深海内铺设的电缆是否能承受海水无尽的压力仍旧完全无从测试。即便将一条长得没有尽头的电缆铺设在深海内不存在技术问题，人们也找不到一艘巨轮来运载由铁和铜铸造的两千海里长的电缆。而哪里又有如此大力的发电机，能不间断地将强大的电流输送到如此遥远的距离？这段距离，就算乘轮船横渡，也至少需要两到三周的时间。一切必要的前提条件都不具备。况且海洋深处的磁波是否会令电流失散亦不为人知。当时还没有发明出足够的绝缘材料，没有能准确测量的仪器。人们对“电”，这一刚刚让人类在沉睡百年之后睁开双眼的物质的认识仍旧停留在初级水平。“不可能！绝对不可能！”学者们时常激烈地摇头反对横跨大洋铺设电缆的计划。那些最有勇气的工程师也只会说“或许以后”。就连莫尔斯，迄今为止电报技术得以趋于完善最该感激的人，也认为这一计划是无法把控的冒险行为——只是他附上了他的预言：假如横跨大西洋的电缆铺设成功，那将是“本世纪最光荣的壮举”。

要想成就一个奇迹或一项伟业，一个重要的前提条件永远不可或缺：对这一奇迹深信不疑的人。执着者的天真和勇气，往往能富有创造性地促进学者们迟迟不决的计划。像大多数时候一样，这回也是一桩机缘巧合的事件，推动了一项宏伟事业的起步。1854年，一位名叫吉斯伯恩纳的英国工程师，为了能提前几天收到船上发来的消息，铺设了一条从纽约到美洲最东端的纽芬兰的电缆，但他的工程却因为财政危机而不得不中断，于是他前往纽约寻找金融家的赞助。他在纽约偶然——偶然乃诸多辉煌业绩之父——认识了一个年轻人，传教士之子赛勒斯·韦斯特·菲尔德。此人曾在生意场上快速获得多次成功，以致年纪轻轻就过上了富足的归隐生活。可是长期闲暇无事对于精力旺盛的富豪来说未免有些烦闷，吉斯伯恩纳便试图争取他支持从纽约到纽芬兰的电缆铺设。赛勒斯·韦斯特·菲尔德——人们几乎要说：幸亏！——既非技术人员，亦非专业人士。他对电力一窍不通，也从未见过电缆，然而这位富有冒险精神的美国传教士之子的骨子里中却充满了热烈的信念。在专业工程师吉斯伯恩纳仅仅指望他资助接通纽约和纽芬兰的电缆时，这位激情澎湃的年轻人已经更加富有远见卓识地提出：难道不该在连接完纽芬兰之后，再将一条海底电缆直通爱尔兰？于是以排除万难的坚定信念—— 这个人在几年内渡海往返于两大洲之间多达三十一次—— 他立即投入到工程之中。这一刻，他决定倾尽一切身家献身于这项事业中。决定性的火焰就此点燃。一个念头在事实上爆发出爆炸性的力量。一种全新的、奇迹般的电力和强烈而活跃的生命元素—— 人的意志，紧紧地结合在一起。一个人获得了毕生的使命，而这一使命，也找到了去实现它的人。

筹备

赛勒斯·韦斯特·菲尔德以其不可思议的精力投入到工程中。他联络所有专家，请求政府授权并为筹措必要的资金在欧美设立公司。这位名不见经传的人物所迸发的冲击力如此之大，他内心对“电”这种新奇观的信念如此执着，意志如此坚定，以至于几天内，他在英国投放的三十五万英镑的原始股金就被认购一空。其实只要召集利物浦、曼彻斯特和伦敦的富商们出资，电力施工和维修公司的建设就可完成，资金就会源源不断地涌入。但并非出于商业目的，而完全出于资助这一工程的道德热忱的萨柯雷家族和拜伦夫人的大名也在认购者之列。在伟大的工程师斯蒂芬森[1]和布鲁内尔[2]生活的年代，英国人对所有技术和机械均抱有史无前例的乐观态度。只要一声召唤，哪怕是为一项怪诞的项目筹措巨额资金，也会有人乐意为此倾家荡产。

项目伊始时，唯一可靠而可控的大概就是铺设电缆的这笔可观预算。技术上如何贯彻实施尚无先例。在整个十九世纪，如此大规模的工程根本无人设想也无人筹划。因为铺设一条横跨整个大西洋的电缆，不可能与搭建一条多佛和加莱之间的水下电缆相提并论。在多佛和加莱之间，人们只要静候一个风平浪静的日子，在一艘普通的蒸汽船甲板上放出一轴三十至四十海里的电缆，让它像锚栓挣脱绞盘般沉入水底，电缆就可铺设完成。人们不仅对多佛和加莱之间海底的深度了如指掌，由于此岸和彼岸尽收眼底，避免意外的发生也轻而易举。电缆的铺设工作在一天之内就可轻松告竣。但铺设跨越大西洋的电缆则至少需要三周的持续航行。比多佛和加莱间的电缆长出几百倍、重过几百倍的电缆，也不能暴露在可能遭遇各种恶劣天气的露天甲板上。在那个年代，尚无一艘巨轮的货舱能容纳由铁、铜和古塔橡胶制成的巨型电缆，也尚无一艘巨轮能独自承载这份重量，因此至少需要两艘主船，还需要其他船只陪航，才能确保航线最短以及在发生意外时获得及时的救援。尽管英国政府为了这一目标提供了“阿伽门农”—— 他们最大的战舰，赛巴斯托普战役中的旗舰，美国政

1　Stevenson，火车头的发明者。

2　Brunel，滑轮机械装置的发明者。

府也提供了“尼亚加拉”，当时吨位最大，五千吨级的快速战舰，但两艘战舰都必须进行特殊改造，才能各自装下那条连接地球两大洋的长得没有尽头的电缆的一半。首要问题自然是电缆本身。对这条设置在两大洋之间的巨大脐带的要求简直不可思议！它必须像钢索般坚不可摧，同时又要保持弹性，以便能轻易铺设；它必须能承受一切压力和重量，又必须像丝线般光滑，便于缠卷；它必须强有力，却又不能过分粗壮；它必须既结实又精密，以便细微的电波能穿越两千海里。在这条巨大的电缆上，哪怕任何一处出现小裂口、小凸凹，都会破坏这一耗时十四天的传送。

但人们甘愿冒险！几家工厂立即夜以继日地制造电缆。一个人魔鬼般的意志驱动着所有机轮滚滚向前。所有的铁矿铜矿都为这根电缆提供供给，整片森林里的橡胶树都流淌着乳胶汁，好让这条巨大的电缆包裹上古塔胶。再没有什么别的能比这一数据更能直观地说明工程之巨：电缆中长达三十六万七千英里的单条金属电线足够环绕地球十三圈。如果将它连成一条直线，它甚至可以将地球和月亮相连。自从建造巴别塔以来，人类还从未妄想过兴建如此宏大的工程。

试航

机器足足轰鸣了一年，不断地从工厂中将纤细流畅的电缆卷入两艘船内。经过成千上万次缠绕，两艘船上终于分别缠满了电缆的一半。同时装备完毕的还有具备刹车和倒车装置的全新而笨重的放缆机。这些机器能一周、两周甚至三周持续不断地将电缆沉入深海。最优秀的电力专家、技术专家，包括莫尔斯本人都集中在船上，以便用监测仪监测电流在整个铺设过程中是否受阻。通讯员和画家们也参加航行，以便用文字和图画记述下自哥伦布和麦哲伦以来最激动人心的远航。

出发前的一切终于准备就绪。尽管怀疑者们一直保持上风，但如今整个英国公众的兴致已经狂热地转向这次远航。1857 年 8 月 5 日，为了共同见证永载史册的历史性时刻，爱尔兰瓦伦西亚的一个小海港内聚集了上百艘围绕着电缆船队的船艇。他们要亲眼看到几艘小船如何将电缆送到海岸，如何将它牢牢固定在欧洲大陆上。盛大的告别仪式隆重举行。政府代表致辞。神父在他动人心弦的发言中祈祷上帝保佑这一勇敢的冒险行动。“哦永恒的上主，”他道，“是你拨云见日并主宰大海的波涛，风浪也听命于你。请垂怜你的仆人……请以你的大能助佑我们在完成这一重要事业的过程中排除一切艰难险阻。”之后，沙滩和海面上的上千只手臂和帽子挥舞起来。陆地渐渐消失。人类最为大胆的梦想正尝试着变为现实。

失败

原先的计划是，“阿伽门农号”和“尼亚加拉号”两艘大船，各自运载一半电缆向大西洋中部约定的地点行驶并在那里将两部分电缆衔接。之后一艘船驶向西部纽芬兰，另一艘驶向东部爱尔兰。但是首次冒险就用上全部昂贵的电缆未免过于冒失，如此冗长的距离，电报是否能在海底正常传出信号—— 在一切都不确定之前，人们宁愿先从陆地出发铺设第一段线路。

两艘船中，“尼亚加拉号”承担了将电缆从陆地铺设到大西洋中部的任务。这艘美国战舰如同一只蜘蛛，缓慢而谨慎地向着目标行驶并从它巨大的身躯中持续地吐出蛛丝。甲板上的铺设机均匀地发出慢腾腾的嘎嗒嘎嗒声—— 海员们对这种仿佛锚链从绞盘沉入海底的声音非常熟悉。几小时后，人们已经不再注意甲板上均匀的碾磨声，就像不会注意自己心脏的跳动。

船不停地行驶着。电缆不断地从船体的龙骨后沉入大海。看上去这一冒险之旅似乎毫无惊险可言。只有坐在一间特别舱室内的电力学家们侧耳倾听着，确保与爱尔兰陆地的信号交换。令人惊讶的是，尽管海岸线早已湮没在视线之外，海底电缆发出的信号却依旧十分清晰，就像从欧洲的一座城市传入另一座城市。浅水区已经远去，舰船已驶入爱尔兰身后所谓深海高地区域。船体龙骨后，这条金属线就像沙漏流出细沙般不断沉入海底，同时传送和接收着信号。

已经铺设了三百三十五海里电缆，长度超过了从多佛到加莱的十倍。已经成功挨过了原本毫无把握的五天五夜。8月11日，第六个晚上，兴奋地工作了多时的赛勒斯·韦斯特·菲尔德准备就寝。这时突然—— 怎么了？—— 绞盘的嘎嗒声突然停了。就像睡在火车上的人突然被戛然而止的刹车惊醒，又像躺在床上的磨坊主突然发现磨盘停止转动，船上所有人立即被惊醒，迅速冲到甲板上。人们一看便知，放线的绞盘空了。电缆突然从绞盘脱落。马上找到扯断的一端不可能，更不可能找到坠入深海的一端并重新打捞上来。可怕的事情就这样发生了。一个小小的技术差错让几年的工作功亏一篑。这些出发时趾高气扬的人们现在要以失败者的身份返回英国。所有的报道和信号突然中断，消息火速传遍全国。

再次失败

赛勒斯·菲尔德，唯一信念坚定的人，既是英雄又是商人，此刻正做着全盘总结。除了损失三百海里长的电缆，大约十万英镑的股本外，令人沮丧是他还损失了整整一年无法挽回的时间。只有夏季对出海有利，而今年的夏天已接近尾声。但他也小有收获。首次尝试铺设电缆毕竟积累了许多经验。电缆适用，这一点已被证实，可以卷起来下次继续使用。唯独放缆机必须重新设计，它对这次灾难性的电缆折断负有责任。就这样，时间在等待和准备中又过了一年。1858年6月10日，两艘船带着全新的勇气，载着旧电缆再次出发。由于上次航行时水下的电子信号并未出现异常，因此这次的尝试依旧沿用上次的方案，在大洋中部向两端铺设电缆。新航程的头几天对整个工程来说意义不大，只有到了第七天，航行到预先计算好的铺设电缆的地点，才能开始真正的工作。在此之前的航行，大家都像在海上散心，起码看上去如此。机器停转，水手们只能休息，享受好天气。天空万里无云，海面风平浪静，或许过于平静。

然而到了第三天，“阿伽门农号”船长却在瞥见气压计时暗觉不妙。水银柱正在以可怕的速度下降，这预示着一场暴风雨正在逼近。第四天，暴风雨果然来临。这样灾难性的飓风就连大西洋上老练的水手都很难遇到，却恰恰击中了铺缆船“阿伽门农号”这艘英国海军旗舰。它在所有海洋和战争中战无不胜、装备精良，本应不畏这一恶劣天气，但不幸的是它为了铺设电缆，为了船舱内能承载巨大的重量，被进行了彻底的改装。不同于普通货船，重量均摊于整个船体，“阿伽门农号”上所有电缆都集中放在了船中央。更糟糕的是，仍有一部分重量落于船头，这使得船的每次颠簸都会双倍摇摆。于是暴风雨就跟它的牺牲品玩起了最危险的游戏。船身在水面上忽左忽右，忽前忽后，几乎倾斜成四十五度角。巨浪拍打着甲板，所有物品都被击得四分五裂。而新的厄运——又一轮可怕的巨浪使得整条船从龙骨到桅杆处不停抖动，甲板上的挡煤板坍塌了。所有的煤就像黑色的冰雹般猛地散落下来，又像碎石般砸向本已受伤而疲惫的水手身上。有些水手被坍塌的煤块砸伤，还有些水手在厨房被倾翻的锅炉烫伤。一名水手经历数日的风暴，丧失了理智。已经有人开始想着破釜沉舟：将一部分该死的电缆扔下船。幸好船长因为不想对此负责而反对，做出了正确决定。“阿伽门农号”在经历了十天狂风暴雨的十足考验后，虽然迟到多日，却终于在预先约定的海面地点与其他船只相会，并在此开始铺设电缆。

这时人们才发现，船上这些昂贵而脆弱的货物——绕了上千圈的电缆，已经在巨大的颠簸后严重受损。有些部位已经乱作一团，古塔胶已被磨破或脱落了。人们虽然抱着一线希望，依旧将电缆沉入海底，但可惜结果只能是二百海里的电缆白白损失，无效地消失在大海中。第二次试验就这样再次失败。人们无法凯旋，只能灰溜溜地返回。

第三次航行

伦敦的股东们已经获悉了这一不幸消息，他们正面色苍白地等待着他们的领袖和蛊惑者赛勒斯·韦斯特·菲尔德。两次航行一无所获，股本却已经耗尽了一半。可以理解，大部分人会说：够了！董事长建议将能挽回的损失尽量挽回。他赞成将船上那些没用的电缆取回，在必要的时候就算赔钱也要将它们变卖。他准备将这一跨洋铺设电缆的荒谬计划一笔勾销。副董事长也赞同他的意见并递交了书面辞呈。他要表明他与这一荒诞的事业不再发生任何关联。然而坚韧且富于理想主义精神的赛勒斯·韦斯特·菲尔德却并未动摇信念。什么都没有损失，他解释道，船上经受过考验的电缆足够用于再次的尝试。船队很快可以重组，船员已经就位。恰恰因为上次出发时遇到了非同寻常的飓风，现在才能指望接下来的日子天气晴朗，风平浪静。只需要勇气，再次的勇气！要么再做最后的努力，要么永远失去机会。

股东们愈发犹豫不决面面相觑：难道他们要将最后一部分股份也托付给这个呆子？但独断的意志总能带领迟疑的人们继续向前。赛勒斯·韦斯特·菲尔德终于促成了新的起航。1858 年 7 月 17 日，第二次失败后的第五周，船队第三次离开了英国海港。

古老的经验再次得到证实：决定性事件几乎总是秘密地获得成功。第三次出航并未引起任何注意。没有帆船和小艇围绕在船队周围送出祝福，海滩上没有聚集欢送的人群，没有隆重的告别宴，没有致辞，也没有神父祈祷上帝保佑。就像一群海盗，船队悄无声息地驶离了港口。海面一片和谐。7月28日，船队驶离昆斯敦后的第十一天，“阿伽门农号”和“尼亚加拉号”在约定的时间抵达了大西洋中部的约定地点，开始了伟大的工程。一派奇异的景象—— 两艘船，船尾相对，之间由电缆的两端衔接。没有任何仪式，甚至船上的人也没有对这一工序表现出浓厚的兴致（他们已经厌倦了失败的尝试），两船之间那根由铁和铜制成的电缆徐徐沉入尚未被测垂和考察过的大西洋海底。接着，两艘船相致敬意，并以旗语告别，英国船驶向英国，美国船驶向美国。两条船向两方渐行渐远，在一望无际的大西洋上变成两个移动的黑点，唯有电缆将它们紧密相连—— 人类历史上，超越风浪、空间和距离的两艘船首次被无形的电流相接。每隔几小时，一艘船就通过深海信号向另一艘船通告它已经铺设的海里数；而每一次，另一艘船都会答复，它同样由于绝好的天气而铺设了同样多的电缆。就这样，一天，两天，三天，四天。8月5日，“尼亚加拉号”在铺设了不少于一千零三十海里电缆之后终于可以通报，现在，它抵达了纽芬兰的特里尼蒂海湾，看见了美洲海岸。“阿伽门农号”也传来捷报，它也同样在深海内铺设了一千海里电缆，看见了爱尔兰海岸。人类首次实现了从美洲到欧洲的跨越大陆的通话。不过当时知道这一消息的仅限于两艘船的木头船舱中的几百人。世界上的其他人早已遗忘了他们的冒险。无论在纽芬兰还是在爱尔兰，都没有人在海滩上等待他们：直至刚刚铺就的海底电缆和陆地上的电缆连接的瞬间，人类才获悉这一巨大的共同胜利的喜讯。

盛大的贺撒纳[1]

欢乐的闪电犹如晴空霹雳，凶猛地点燃起熊熊烈火。八月的头几天，旧大陆和新大陆几乎在同一时间获悉了这一胜利的喜讯。反响之巨难以描述。英国平日行事谨慎的《泰晤士报》发表社论称：“自哥伦布发现新大陆以来，还从未发生过什么别的事件，以这般无与伦比的方式拓展了人类行动的疆域。”整个城市沉浸在巨大的欢乐中。但英国高傲的喜悦和美国的狂热欢呼相比仍显内敛含蓄。消息刚一传到美国，商店就马上停止营业，街

1　Hosianna，《马太福音》中记载耶稣进入耶路撒冷时民众赞美的欢呼声。

上到处拥堵着互相探听、大声喧闹和谈论不休的人群。寂寂无闻的赛勒斯·韦斯特·菲尔德一夜之间和富兰克林、哥伦布齐名，成了民族英雄。整个城市以及随后的几百座城市都为之震颤，市民们争先恐后地期待亲眼见到菲尔德。“是他的果敢坚毅促成了年轻的美洲与古老的欧洲世界喜结良缘。”即便这样，狂欢仍未达到高潮，因为迄今的喜讯不过是电缆铺就完成。它是否真能通话，此事是否获得了真正的成功尚且不为人知。于是整个城市，整个国家，所有人每时每刻都在焦急等待，期待着来自大西洋的第一个声音、第一句话。他们知道，如果电缆的使用获得成功，英国女王将率先发来贺电。日子一天天过去，由于通往纽芬兰的电缆恰恰在这时发生了不幸的故障，直到8月16日晚间，来自维多利亚女王的贺电才抵达纽约。

因为这一消息来得太迟，各大报刊无法正式报道，只能通过各电报局和编辑部张贴出来。于是顷刻之间，电报局和编辑部被挤得水泄不通。报童们为了挤过混乱的人群擦破了皮，撕破了衣裳。女王的贺电在各大剧院和餐厅里纷纷传颂。几千个仍对电报比快船还先达几日半信半疑的人，蜂拥向布鲁克林港，去迎候那艘取得和平胜利的英雄舰“尼亚加拉号”。第二天，也就是8月17日，报刊上纷纷以特大号标题刊登庆祝文章：“电缆传送成功”“人人欣喜若狂”“全城沸腾”“全人类欢庆的时刻到来”。这一胜利无与伦比：自从大地上的人类开始思考以来，居然有一种思想，能以自身的速度飞越大洋！为了宣布美利坚合众国的总统已对英女王的贺电做出了答复，礼炮齐鸣了一百响。现在已没人对此事表示怀疑。纽约和其他所有城市的夜晚都灯火辉煌，家家户户的灯光点亮了黑夜，这时哪怕大火烧到了市政厅的屋顶，也无法干扰人们欢庆的喜悦。第二天将迎来新的庆典。“尼亚加拉号”抵达海岸，大英雄赛勒斯·韦斯特·菲尔德就在船上！欢呼声中，剩余的电缆被拖着穿越全城，所有船员受到热情的款待。从太平洋到墨西哥湾的每座城市都在不断地举行庆典，就像整个美洲在第二次庆祝发现新大陆。

但这还不够，远远不够！凯旋的队伍应当更为壮观，它应当成为新大陆之最。筹备工作持续了两周，8月31日，秋高气爽，整个城市将在这一天，只为一个叫赛勒斯·韦斯特·菲尔德的人沸腾。自从帝王和统帅们的时代以来，几乎还没有哪位胜利者获得过如此殊荣。这一天，奇长的队伍足足花了六小时才从城市的一端走到另一端。走在最前面，穿过彩旗飘扬的街道的是高举旗帜的军队，紧跟其后的是由军乐团、歌咏团、合唱团、消防队、学校师生和退役军人构成的望不到尽头的人流。所有能游行的人都跟着游行，所有会唱歌的人都跟着唱歌，凡是能欢呼的人都跟着欢呼。四驾马车上，如同一位古代凯旋的统帅，坐着赛勒斯·韦斯特·菲尔德。另一辆则坐着“尼亚加拉号”的指挥官。第三辆马车上坐着美国总统。其后是市长、官员和教授们。接下来是不断的致辞、宴会和火炬游行。教堂的钟声和礼炮的轰鸣不绝于耳。一浪高过一浪的欢呼声让赛勒斯·韦斯特·菲尔德，这位新晋哥伦布，两个世界的统一者和战胜空间的赢家在这一刻，成了美国最富荣光和最受膜拜的人。

被钉十字架

成千上万个声音在这一天喧嚷着，欢呼着。却只有一个声音，一个最为重要的声音令人震惊地沉默不语。这个声音就是电报。也许赛勒斯·韦斯特·菲尔德在一片欢呼中已经预感到这一可怕的真相。作为唯一的知情人，这对他来说无疑相当残酷。正是在这一天，海底电缆停止了工作。其实前几天收到的信号已经混乱不堪，无法听清。现在，它苟延残喘着最终停止了呼吸。整个美国，除了在纽芬兰检测信号的两个人之外，尚无人知晓电缆已渐渐出现问题。而这两人在一天天毫无节制的狂欢中，也犹豫着是否将这一令人痛心的消息告知庆祝的人群。但很快人们就注意到从电缆中传来的消息十分稀少。美国原本期待着讯息每小时都从大西洋传来——而实际上，却只是偶尔传来含糊不清又无法核实的音讯。谣言很快四溢开来，说有人因为迫切地想更好地传送信息而过度输送电荷，导致过长的电缆受到损伤。但人们仍旧期待着能排除故障。谁也无法否认，信号很快就变得断断续续，无法听清。9月1日，一个宿醉后的清晨，海的那端再也没有传来清晰的声音和干净的电波。

人们并没有宽容地原谅此事，没有因为自己对一个人真诚的激情化为乌有而只是失落地冷眼相望。曾经被他们大肆赞美的电报突然失灵的传言并未得到证实，欢庆的热潮就化为凶险的愤怒，反扑向无罪的罪人，赛勒斯·韦斯特·菲尔德——他欺骗了整座城市，整个国家，欺骗了全世界。甚至有人宣称，他早就知道电报失灵，但出于私心，他放任人们为他庆祝，以便在这段时间内将他的股票高价抛出。更恶毒的诽谤不绝于耳，其中最引人注意的是，有人武断地说，大西洋的电报根本就从来没有真正接通过，所有的信息都是伪造的骗术，甚至英国女王的越洋电报也是事先起草而根本不是通过大西洋的电缆传来。有传言说，从来没有一条越海的信息是真正清晰的，电报局官员们只是把猜测的电文拼凑成了虚构的电文。骇人听闻的事传得沸沸扬扬。怒气最盛的恰恰是昨天欢庆得最热烈的那群人。整个城市，整个国家都为他们过分激烈和鲁莽的热情而感到羞愧。赛勒斯·韦斯特·菲尔德成了愤怒的牺牲品，昨日还被视为民族英雄，富兰克林的兄弟和哥伦布的后继者，现在却不得不像个强盗似的躲避他原先的朋友们和崇拜者。一天的工夫成就了一切，也毁灭了一切。损失如此巨大，简直始料不及。资金亏空，信誉破产，而那条没用的电缆，就像神话中环绕地球的巨蟒一般，静静地躺在看不见的大洋深处。

六年的沉寂

被遗忘的电缆已经毫无意义地在海底躺了六年。这六年间，两大洲在曾经拥有过一小时共同跳动的脉搏之后，再次恢复了昔日冰冷的沉默。美洲和欧洲曾经紧密相连地一口气交谈了上百句话，现在，它们却再次像千年前那样，被无法逾越的距离相隔两岸。十九世纪最大胆的计划，昨天还几近成功，如今却再次成为传说、神话。毫无疑问，没有人会再次继续这成功了一半的事业，这灾难性的失败削弱了所有力量，扼杀了全部热情。在美国，南北战争吸引了大部分人的注意力。英国的各委员会虽然还不时举行会议，但仅仅用来枯燥地论证海底铺设电缆原则上是否可行就需要花费两年时间。从学术认证到真正施工这条漫长的路没人愿意涉足一步。六年来，所有的工作就像那条海底被人遗忘的电缆般停滞不前。

六年时间在历史长河中不过是匆匆一瞬，但在“电力”这门年轻的学科中却仿似跨越了千年。每年甚至每个月都有新的发现。发电机越来越强劲，越来越精准，用途越来越广泛，仪器越来越精良。电报网络已经遍布各大洲的内陆，甚至已经越过地中海，连接了非洲和欧洲。年复一年，曾被视为异想天开的铺设横跨大西洋电缆的计划，已在不知不觉中失去了魔幻色彩。再次尝试的时刻终将不可阻挡地到来，唯一缺少的只是一个能将这一旧计划注入新力量的人。

忽然间，这个人就出现了。你瞧，还是那个他，那个怀着同样信心和信念的赛勒斯·韦斯特·菲尔德。他从沉默的放逐和恶意的轻视中站了起来！第三十次，他横渡大西洋，出现在伦敦。他成功地再次筹措了六十万英镑的新资金，获准了旧的经营权。而这次，他梦寐以求的巨型货轮也已就位。机缘巧合，1865年，“伟大的东方人号”因建造得过于大胆超前，刚好闲置，可以供他使用。这艘由伊桑巴德·布鲁内尔建造的巨轮能承载两万两千吨货物，带有四个烟囱。两天之内，船就被买下并为远航装备停当。

以前难于实现的事现在变得轻而易举。1865年7月23日，巨轮装载着新电缆，驶离了泰晤士港。第一次试验失败。在抵达目的地的前两天，电缆不幸断裂，永远填不饱肚子的大西洋又吞噬了六十万英镑。但技术对实现这一计划的保障使得人们不至于为此气馁。1866年7月13日，“伟大的东方人号”第二次出海，终于获得了成功。从美洲传向欧洲的信号通过电缆，听上去清晰明确。几天之后，海中的旧电缆也被重新找到，于是两条电缆将新旧世界联为一体。昨日的奇迹对于今天来说，已经稀松平常。从这一刻起，整个地球跳动着同一颗心脏。生活在地球上的人类，能同时从地球的一端听到、看到、了解到地球的另一端。人类以自身的创造力，变得像神一样无处不在。多么美好！倘若人类征服时间和空间的胜利，只为人类永久的结合效力！但愿人类不会一再被致命的妄想迷惑，去不断摧毁这宏伟的统一，以他战胜自然的力量和同样的手段，去毁灭自身。

Die Flucht zu Gott

逃向上苍

列夫·托尔斯泰未完成的剧本《光照黑暗》之尾声（1910年10月底）

前言

1890年，列夫·托尔斯泰开始创作一部自传体戏剧。这部作品日后作为他的遗稿以《光照黑暗》为题发表和上演。这部未完成之作（第一场就已清晰说明）是他家庭悲剧的隐匿体现，是他决定离家出走的公开告白，也是为了求得他妻子的宽恕。可以说，这是一部试图在极度破碎的心灵中获得道德上的安宁的作品。

托尔斯泰在这部戏中塑造的人物尼古拉·米哈伊洛维奇·萨林采夫显然就是他自己。也可以说这一人物是整部悲剧中最少虚构的人物。毫无疑问，列夫·托尔斯泰塑造这一人物是为了表白，他必须摆脱他的生活。然而不论在作品中还是在现实中，无论在当时的1890年，还是十年后的1900年，他都没有获得和找到终结这种生活的勇气和方式。他的剧本停留在这种万念俱灰中，以全然不知所措告终。这位勇士唯能举起双手，祈求上帝的援助，以结束他内心的彷徨。

托尔斯泰始终没有亲笔为悲剧的最后一幕画上句号。然而重要的是，他活出了最后一幕。1910年10月的最后几天，踌躇了二十五年的托尔斯泰最终获得了摆脱困境的决心：在数次富于戏剧性的辩驳之后，他终于离家出走。而他出走得正是时候，不久，他就神圣而安详地走向死亡，在肃穆中铸造和净化了自己一生的命运。

于我而言，这部戏剧以他最后的亲身经历作为结局是理所应当的。我以忠于历史，尊重事实和史料的态度尝试把这一唯一的尾声记录下来。我深知那种借以个人意志、以势均力敌的态度来补充列夫·托尔斯泰的自白的傲慢，因此我不会干扰他的著作，而只想为其服务。在这里，我并非尝试补足整部戏剧，而是试图为他未完成的著作和未解决的冲突写出一个独立的后记，为他未完成的悲剧奉献最后一个悲壮的音符。这就是我满怀敬畏之心致力于完成这一幕的意义。

对于可能的上演我必须强调，这一尾声发生于《光照黑暗》面世之后的第十六年，这一点，在列夫·托尔斯泰的外表上应当有所体现。他晚年的几幅出色的肖像可以作为样板，特别是他在他妹妹做修女的沙坞尔蒂诺修道院的画像以及他灵床上的那张照片。此外他的工作间也必须完全遵照历史真实的样貌布置得异常简朴。纯粹出于场景的考量，我希望这一尾声能在一段较长的幕间休息后算作《光照黑暗》残篇的第四幕加以补充，剧中人物不再沿用影射自我的名字萨林采夫，而是使用托尔斯泰的真名。单独演出这一尾声并非我的意图。

尾声中的人物：

列夫·尼古拉耶维奇·托尔斯泰（时年八十三岁）

索菲亚·安德烈耶夫娜·托尔斯泰，他的夫人

亚历山德拉·利沃夫娜（称为萨沙），他的女儿

秘书

杜杉·彼得罗维奇，托尔斯泰的家庭医生和朋友

阿斯塔波沃火车站站长，伊万·伊万诺维奇·奥索林

阿斯塔波沃的警长，基里尔·格里戈罗维奇

大学生甲

大学生乙

三位旅人

前两场发生于托尔斯泰的亚斯那亚·波利亚纳庄园内的工作间，1910 年 10 月的最后几天。最后一场发生于阿斯塔波沃火车站的候车室，1910 年 10 月 31 日。

第一场

1910 年 10 月底，亚斯那亚·波利亚纳庄园

托尔斯泰的工作间质朴无华，正如那幅著名的画作上描绘的一样。

秘书带进来两名学生。他们一身俄国装束，穿着高领的黑上衣。两人都很年轻，长着棱角分明的脸。他们举止沉稳，自负多于羞怯。

秘书：请稍事休息。列夫·托尔斯泰不会让您久等。我只想提醒您注意他的年纪。列夫·托尔斯泰非常喜欢讨论问题，乃至时常忘记疲惫。

大学生甲：我们没有太多问题要问列夫·托尔斯泰——只有一个问题，一个对于我们和他来说都十分关键的问题。我答应您，我们不会久留——前提是我们可以自由交谈。

秘书：完全可以。越无拘无束越好。只是不要叫他老爷——他不喜欢。

大学生乙（笑声）：这一点您不必担心。您什么都可以担心，唯独这点不必。

秘书：他已经下楼。

（托尔斯泰像阵风一样疾步进入房间。尽管上了年纪，他却依旧灵活而富于激情。谈话间，他总是转动手中的笔或揉搓一张纸，还时而急切地抢白。他快步走向两名学生，伸出手，专注而严肃地看着他们，之后坐在他们对面的油布圈椅上）

托尔斯泰：你们是委员会派来的那两名学生，不是吗……（他寻找着那封信）请原谅我忘记了你们的名字……

大学生甲：您不必在意我们的名字。我们只是千百万学生中的一员。

托尔斯泰（锐利的目光）：您有什么问题要问我？

大学生甲：一个问题。

托尔斯泰（望向另一名学生）：您呢？

大学生乙：同样的问题，列夫·尼古拉耶维奇·托尔斯泰。

我们所有俄国的革命青年，只有一个问题——没有其他问题：您为什么不站在我们一边？

托尔斯泰（非常平静）：我已经如我所希望的那样，在我的书中以及其他一些公开发表的信件中清楚地表明了我的观点——我不知道您是否读过我的书？

大学生甲（情绪激动）：我们是否读过您的书？列夫·托尔斯泰，您的问题太古怪。何止读过！您的书陪伴了我们的童年。青年时期，您唤醒了我们肉体中的灵魂。除了您，没有谁教会我们认清人间的不公——您的书，只有您，让我们的心灵摆脱了国家、教会和统治者的束缚。那些统治者不是站在民众的一边，而是维护这种不公。是您让我们下定决心奋斗终身，直至这种错误的制度被最终摧毁……

托尔斯泰（试图打断）：但并非通过暴力……

大学生甲（毫不理会地继续着）：自从我们会说话以来，还没有什么人像您一样，让我们如此信任。当我们自问，谁会去破除这种不公，我们的回答是：他！当我们自问，谁将站出来推翻这卑劣的制度，我们说：是他，列夫·托尔斯泰。我们曾经是您的学生、您的仆从、您的奴隶。我想，您如果当时挥挥手，我们就愿意交付生命。如果早几年我来拜访您，我会像拜访圣人一样向您鞠躬。您对我们千万名学生来说，列夫·托尔斯泰，对所有俄国年轻人来说，直至几年前都仍旧是位圣人——我感到惋惜，我们都感到惋惜，您疏远了我们。您甚至变成了我们的敌人。

托尔斯泰（语气温和）：您认为，我该怎么做才能与你们站在一起？

大学生甲：我不会自负地教导您。您自己知道，您为什么疏远了俄国青年。

大学生乙：我们为什么不说出来呢？我们的事业比礼貌更重要：您必须面对现实。对于政府向人民犯下的滔天罪行，您不能再继续采取模棱两可的态度。您必须走出您的书房，开诚布公、态度鲜明，毫无保留地站在革命者的一边。您知道，列夫·托尔斯泰，他们是多么残酷地打击我们的革命者。现在，腐烂在监狱中的人多于您庄园中的落叶。或许您仍不时为英国报纸写些关于生命之神圣性的文章，但是您自己知道，在今天，言辞无法抵御血腥的暴政。您和我们一样清楚，现在唯一要紧的是革命，是彻底推翻陈旧的统治。您一句话就能召集一支军队。您曾经让我们成为革命者，而现在，在这个成熟的时刻，您却谨言慎行，您的行为就是在纵容暴力！

托尔斯泰：我从未纵容暴力，从未！三十年来，我全部的工作就是与强权者的暴行作斗争。三十年前——那时你们尚未出生——我比你们更激进。我不仅要求改善，而且要求完全建立新的社会制度。

大学生乙（打断他）：可是结果呢？三十年来，他们采纳了您的建议吗？他们给了我们什么？践行您使命的杜霍包尔教徒们，胸膛上吃了六颗子弹。您温和的规劝，您的书和宣传册改变了俄罗斯吗？您难道还没看清，您规劝人民宽容、忍耐，对这个千年国度抱有期望，实际上是在帮助统治者？不，列夫·托尔斯泰，以爱的名义去感召那些厚颜无耻的家伙毫无用处，哪怕您有天使般的口才！那些沙皇的奴才不会因为您的基督，而从口袋中掏出一个卢布。假如我们不卡住他们的咽喉，他们不会退让一步。人们已经等够了您的博爱，现在我们不能再等了，现在是行动的时候了。

托尔斯泰（非常激动）：我知道，你们甚至在你们的宣言中将你们的行动称为“神圣的行动”。一种召唤仇恨的神圣行动。但我不认识仇恨，也不想认识它，即使是仇恨那些对我们的人民犯下罪孽的人我也反对。因为恶人的灵魂不会比那些受难的人更为安宁——我怜悯他们，但我不恨他们。

大学生甲（愤怒）：可是我恨他们。他们对人民不公——我恨他们这些无情的嗜血禽兽！不，列夫·托尔斯泰，您休想说服我们怜悯这些罪人。

托尔斯泰：即便是罪人也是我的弟兄。

大学生甲：即便他们是我的弟兄，我母亲的亲生子，只要他给人类带来灾难，我也会像对待一条疯狗一样将他打翻在地。不，我不会再以同情对待无情者！沙皇的男爵们的尸体不葬于地下，俄国大地将不得安宁。假如我们不采取行动，合乎道德和人性的制度就不会存在。

托尔斯泰：暴力不可能建立符合道德的制度。暴力只能不可避免地催生暴力。你们一旦掌握了武器，你们将马上建立新的专制政体。你们不是摧毁专制，而是延续专制。

大学生甲：但是除了摧毁强权之外，没有别的反强权的办法。

托尔斯泰：赞同。但绝不能采用我们本来反对的方式。请您相信我，反对暴力的真正力量不是暴力。真正的力量是顺服，让强权无法得逞。福音书上的记载……

大学生乙（打断他）：哈，不要提福音书。教会为了麻痹民众早就炮制了这款烧酒。两千年来，它从没帮过什么忙，否则这个世界就不会有流血和苦难。不，列夫·托尔斯泰，《圣经》今天无法弥合剥削者和被剥削者，老爷和奴隶之间的裂痕。二者之间矗立着太多的悲剧。今天，在西伯利亚和牢房中受苦的教徒和具有献身精神的民众成百上千，而明天就是成千上万。我问您，为了少数罪人，难道真的要让几百万无辜的人继续受苦吗？

托尔斯泰（克制）：他们的痛苦好过再次流血。恰恰是这种无辜的受难对反对非正义有益，有助。

两名学生（愤怒）：您居然认为俄国人民千年来所受的无尽的苦难对他们有益？那么您去监狱，列夫·托尔斯泰，去问问那些被拷打的人，问问那些城市和乡村中忍饥挨饿的人，痛苦是否对他们有益。

托尔斯泰（愤怒）：一定比你们的暴力强。你们真的相信，你们的炸弹和左轮手枪能彻底消灭世上的邪恶？不，邪恶随后就会在你们自身发作。我再次告诉你们，为了信念去受难要比为了信念去屠杀好一百倍。

大学生甲（同样愤怒）：那么，既然受难如此有益如此慈悲，列夫·托尔斯泰，您自己为什么不去受难？为什么您总是向他人夸耀受难，而当您的农民—— 我亲眼所见—— 衣衫褴褛地缩在他的茅屋中忍饥挨冻，您却能坐在您温暖的庄园中使用着银具用餐？您为什么自己不去受鞭挞，却让您的杜霍包尔教徒因为您的教诲去受折磨？您为什么不离开您这座伯爵宅邸，走到大街上，在凄风苦雨中体验所谓有益的贫穷？为什么您总是说教，而不是自己去践行您的教诲？您为什么不为我们做出榜样？

托尔斯泰（有些退缩。秘书这时快步走到学生面前，准备愤怒地斥责他们，但托尔斯泰已经冷静下来，将秘书轻轻推到一边）：让他说！这位年轻人提出的问题是在拷问我的良心。很好……很好，非常必要。确实是必须回答的问题。我将试着诚实地回答您。（他向学生靠近着迈出一小步。迟疑片刻，打起精神，声音沙哑而低沉）您问我，为什么我不按照自己所说的去承受苦难？我只能羞愧地告诉您：我至今逃避我最神圣的义务，是因为……因为我……太胆怯、太软弱，太不诚实。我是个卑微的、毫无价值的罪人……上帝至今没有赐予我力量，去做这件刻不容缓的事。陌生的年轻人，您的话深深地触动了我的良心。我知道，应该做的事情我连千分之一也没有做。我羞愧地承认，放弃这奢侈而可耻的生活早就应该是我这个罪人的义务。正像您所说，应该完全像个朝圣者一样走上大街，而我除了在灵魂深处感到羞愧并屈服于自己的卑鄙之外，无法行动。（两名学生惊愕地向后退了一步。片刻之后，托尔斯泰继续用更轻的声音说）但或许……或许我依旧承受折磨，或许正因为我不够坚强，不够诚实，无法将我的言辞付诸行动才承受折磨。或许我的良心受到的谴责比肉体上受到的严酷折磨更让我痛苦，或许这正是上帝为我特制的十字架。我在这个家所受的折磨比在监狱中戴着手铐脚镣受到的折磨更为痛苦……但您说得对，这种痛苦毫无意义，因为这只是我个人的苦难，而我却过于自负地因此沾沾自喜。

大学生甲（有些内疚）：我请您原谅，列夫·尼古拉耶维奇·托尔斯泰，如果我因为激动伤害了您……

托尔斯泰：不，不，恰恰相反。我感谢您！那些捶打、撼动我们良心的人，总是给我们带来益处。（一阵沉默。托尔斯泰再次平静地说）你们还有别的问题要问我吗？

大学生甲：没有了。这是我们唯一的问题。我认为，您拒绝支持我们，是俄国和全人类的不幸。没有人能阻止这场颠覆性的革命爆发。我感到它将变得极为可怕，比人类所有的革命都可怕。可以肯定的是，那些真正的男子汉，冷酷坚毅的男子汉，无情的男子汉们将领导这场革命。如果您站在我们一边，成为榜样，我们将赢得千百万人站在我们一边，牺牲一定会减少。

托尔斯泰：哪怕有一个人因为我的过错而付出生命，我的良心也会感到不安。

（楼下传来钟声）

秘书（走向托尔斯泰，准备打断这场谈话）：午饭的钟声响了。

托尔斯泰（苦涩地）：是啊！吃饭、闲谈、吃饭、睡觉、休息，闲谈——这就是我们百无聊赖的生活。而别人却在工作，在侍奉上帝。（他再次转向两位年轻人）

大学生乙：除了您的拒绝，我们再没有什么别的能带给我们的朋友吗？难道您连一句鼓励我们的话也没有吗？

托尔斯泰（严肃地看着他，斟酌着）：请以我的名义告诉您的朋友们：我爱你们，敬重你们，俄国的青年人，因为你们如此强烈地同情你们弟兄的苦难，甚至为了改变他们的命运而甘愿献出生命。（说着，他的语气变得生硬，严厉而不留情面）但其他方面，我无法赞同你们。只要你们拒绝对所有人付出同等的兄弟般的爱，我就拒绝站在你们一边。

（两名学生沉默了。之后大学生乙坚定地走到他面前，非常严厉）

大学生乙：我们感谢您接待了我们，感谢您的坦率。我绝不会再次站在您面前——请您也允许我这个微不足道的人在告别时开诚布公地跟您说一句。列夫·托尔斯泰，如果您认为人与人之间的关系光靠爱就能改善的话，您就错了：这可能适合富人和那些无忧无虑的人。但那些从童年起就忍受饥饿，一生都在老爷们的强权下受苦受难的人，已经厌倦了继续等待从天而降的博爱，他们宁愿相信自己的拳头。列夫·尼古拉耶维奇·托尔斯泰，在您临死前，我会对您说：这个世界将被血洗。不仅仅是那些老爷，还有他们的孩子，都将被碎尸万段，以免他们继续在人间造孽。但愿您不必成为您的过错的目击者——我衷心祝福您！愿上帝能让您在平静中死去！

（托尔斯泰被这位热血青年的激烈情绪怔住，他感到极为吃惊。接着，他震静下来，上前一步，轻声对他说）

托尔斯泰：我尤其感谢您最后这番话。您对我的祝福正是我三十年来的渴望——在上帝和众人的安宁中死去。

（两名大学生鞠躬后离开。托尔斯泰长久地目送他们的背影，接着他开始在房间中踱步并激动地对秘书说）他们是多么优秀的年轻人，多么果敢、自信而坚强的俄国年轻人！多么美好的年轻人，有信念和热血的年轻人！六十年前，我曾在塞瓦斯托波尔见到过这样的年轻人。他们同样藐视死亡和危难，无所畏惧——执拗地准备着为毫无意义的事微笑着迎接死亡。为一颗满是蛀虫的果壳，为一句空话，为了虚幻的理想而放弃年轻宝贵的生命，仅仅因为他们乐于献身。这些不朽的俄国青年多么令人震惊！他们准备着以全部的热情和力量去献身于仇恨和杀戮，就像献身神圣的事业！可是他们教育了我！这两名学生唤醒了我，因为他们确实是对的，我终将摆脱我的软弱去践行我的言辞。刻不容缓！我的生命即将步入终点，可我仍一直犹豫不决！确实，正确的事只能向青年学习，只能向青年学习！

（门开了，伯爵夫人风风火火地进来，神经质，恍惚。她慌张无措，眼睛急促地从一件东西扫向另一件东西。她说话时明显心不在焉，心绪不宁。她面色苍白地从秘书身边经过，视而不见，直接对他丈夫说话，而身后是快步进屋的他们的女儿，看上去她跟着她母亲是为了监视她）

伯爵夫人：午饭时间已过。《每日电讯》的编辑因为你那篇反对死刑的文章已经在楼下等了半小时。你为了这些毛头小伙子就让他在那站着。这些没教养的、粗野的家伙！刚才在楼下，仆人问他们是否求见伯爵的时候，他们中的一个居然说，不，他们不求见什么伯爵，是列夫·托尔斯泰约他们来的。而你就和这些最好把世界搞得像他们的头脑一样混乱的厚颜无耻的纨绔子弟浪费时间！（她不安地环视房间）就像这里一样混乱。书堆得满地，到处都乱七八糟，到处是灰尘。要是有体面的人来访，简直丢人现眼。（她走向圈手椅，一把抓起油布）这块破油布简直看不下去，幸好明天裱糊师傅会从图拉到家里来，这椅子必须马上修好。（没人回答她。她不安地四处踱步）现在请你下楼，不能再让那位编辑久等了。

托尔斯泰（脸色骤然苍白，十分不安）：我马上来，我只是，在这儿还……还要整理些东西……萨沙留下来帮我……你先去替我向那位先生道歉，我马上来。（伯爵夫人又挑剔地环视了整个房间后走了出去。她刚一走，托尔斯泰就快速走向房门，锁了门锁）

萨沙（惊讶于他的迅速）：你怎么了？

托尔斯泰（慌张地捂住胸口，自言自语）：修椅子的明天来……感谢上帝……还有时间……感谢上帝。

萨沙：出了什么事……

托尔斯泰（急切地）：给我找把刀，马上。一把刀或一把剪子……（秘书目光惊诧地从写字台上拿起一把裁纸刀递给他。托尔斯泰一边紧张地用刀将椅子上的破洞划开，一边不时地担心门是否锁好。之后，他双手不安地伸进露出马鬃的裂口摸索着，直至掏出了一个封口的信封）这儿哪——不是吗？……多可笑，就像一部蹩脚的法国通俗小说一样可笑和不可思议……简直是莫大的屈辱……我一个八十三岁的头脑清醒的人，在自己家里，不得不把我最重要的文件藏起来，因为我的东西都要被搜查，因为有人背着我偷看我写下的每句话，每个秘密！多么羞耻，在这个家里，我的生活就像在地狱，多么虚伪！（渐渐平静，拆开信，读给萨沙）十三年前，我写了这封信。当时，我想离开你的母亲和这个令人痛苦的家。这封信是和你们的告别信，但是我一直没有告别的勇气。（信在他颤抖的手中沙沙作响，他轻声念着，就像念给自己）……“这样的生活我无法忍受下去。十六年来，我一面与你们抗争，一面又必须唤醒你们。我决定去做我早该去做的事，离开你们……如果我公然这样做，你们必然会痛苦。或许我也会心软，无法履行我必须去履行的决定。那么请原谅我，我求你们，如果我的出走给你们带来痛苦，尤其是你，索菲亚，请你发发善心，忘记我，不要再找我，不要怨恨我，也不要责备我。”（深深地叹气）哎，十三年过去了。我又折磨了自己十三年。这封信上的每句话都是我今天要说的，而我依然胆怯而软弱。我依然没有，依然没有出走，依然在等待，不知道在等待什么。我一直很清醒，却总是犯错。我总是太软弱，总是缺乏违背她的意志！我就像个害怕老师的小学生藏起一本肮脏的书一样藏起这封信。我当时曾经在遗书中请她将我的全部著作遗产捐献给全人类，但为了家庭的安宁，我还是将这份遗嘱交到她手上，尽管我的良心一直不得安宁。

（沉默一段时间）

秘书：您认为，列夫·尼古拉耶维奇·托尔斯泰——您真的认为，您出于某种预料之外的原因——您认为，我是说，如果……如果您荣归上帝……您那最终的最迫切的愿望，放弃您著作的全部遗产，真的能够实现吗？

托尔斯泰（惊诧地）：当然了……你的意思是……（不安地）不，我不明白你的意思。萨沙？

（萨沙转身沉默）

托尔斯泰：我的上帝，我没想过。或许不，我只是又一次，又一次不够诚实——不，我只是不愿意去想，我只是逃避，就像我每次清楚我的抉择时一样选择逃避。（他盯着秘书）不，我知道，我确实知道，我妻子和儿子，他们不会在意我最后的意愿，就像他们如今不尊重我的信仰，不尊重我道义上的责任一样。他们会拿着我的著作去做肮脏的交易，谋取利益，而我死后，会被世人视为一个谎话连篇的骗子。（他做出下定决心的动作）但是，这绝不允许发生！总要告知天下！今天的大学生，那两位诚实而正直的人是怎么说的？这个世界要求我采取行动，最终真诚坦白地做出明确的决断——这是一个兆头！一个八十三岁的人不能再逃避死神，必须正视它并做出抉择。是的，这两个陌生的年轻人做得好：无所作为无非是为了掩饰我灵魂的胆怯。人必须诚实而清醒，在我这个垂垂老矣的年纪，非如此不可。（他转向秘书和他的女儿）萨沙，弗拉基米尔·格奥尔格维奇[1]，明天我

1　秘书的名字。

就写一份清晰的遗嘱，一份具有约束力的遗嘱，我要在遗嘱中写清，我著作的全部收益，那些脏钱，将捐给全人类。我为所有人而写下的话，发自我良心的声音绝不允许拿去做交易。你们明天上午过来，再带上一个证人——我不能再犹豫下去，否则死神或将插手此事。

萨沙：稍等，父亲——我并不想劝阻您，我只是担心遇到困难，如果母亲看见我们四个人在这儿，她马上就会怀疑，说不定还会在最后的时刻动摇您的意志。

托尔斯泰（思索着）：你说得对！不，在这所房子里我无法做出任何纯洁光明的事：这里的全部生活都是谎言。（转向秘书）您这样安排，明天上午十一点，我们在格鲁蒙特树林里黑麦地后面那棵大树旁会面。我会像平日一样出去骑马散步。你们把一切都准备好，我希望在那里，上帝能赋予我最终摆脱枷锁的决断。

（午餐的钟声已经急切地敲响第二次）

秘书：不过您现在不要让伯爵夫人有任何察觉，否则一切就前功尽弃。

托尔斯泰（悲伤地叹气）：不停地伪装、掩饰实在可怕。一个要诚实地面对世界，面对上帝，面对自己的人却无法诚实地面对自己的妻子和孩子！不，不能这样生活，不能这样生活！

萨沙（惊慌地）：母亲！

（秘书赶紧拧开房门上的钥匙，托尔斯泰为了掩饰自己的激动走向书桌，始终背对着进门的妻子）

托尔斯泰（悲叹着）：这个家里的谎言让我中了毒——啊，只有在临死之前才能说一次真话！

伯爵夫人（匆忙走进房间）：怎么还不下来？你总是磨磨蹭蹭。

托尔斯泰（转向她，已经完全平静下来。他语气缓慢地说着只有室内的另外两个人才听得懂的话）：是啊，你说得对，我总是磨磨蹭蹭。但最重要的不过是，赶紧用剩下的时间做正当的事。

第二场

同一间房间。第二天深夜。

秘书：您今天该早点休息。列夫·托尔斯泰，骑了那么长时间的马，又情绪激动，您一定累了。

托尔斯泰：不，我根本不累。人只有在举棋不定，无从把握的时候才会感到疲惫。只要去行动就能获得解放，哪怕做得不好也比无所作为强。（他在房中踱步）我并不知道我今天做得是否正确，我必须拷问自己的良心。把我的著作还给大众，这让我的灵魂感到宽慰，但是我想，我不该偷偷摸摸，而应当带着信心和勇气当众公开地写这份遗嘱。或许我做得不够恰当，为真理而做的事应该正大光明——但感谢上帝，这件事已经完成。我的生活又前进了一步，又一步接近了死亡。现在只剩下最后的，也是最难的一件事：赶紧像野兽一样爬回丛莽。如果在这个家里死去，我的死会像我的生一样不诚实。我已经八十三岁了，依然没有找到完全摆脱世俗的力量，说不定我错过了最佳时机。

秘书：谁能知道自己何时赴死！如果能知道的话，一切就都好了。

托尔斯泰：不，弗拉基米尔·格奥尔格维奇，根本不会好。你难道没听过那个古老的传说？一个农民给我讲过，耶稣为何不让人预知死亡。从前，每个人都知道自己的死期。耶稣有一次降临人间的时候，发现农民们并不耕种，而是生活得如同罪人一般。于是他谴责其中一个农民的倦怠，但那人却嘟囔说：如果他看不到收获，又为何播种。基督这时知道，人类能预知自己的死期，于是不再让他们知道。从此以后，农民们不得不耕种田地直到他们生命的最后一天，就像他们能永生一样。这样是对的。通过劳作，人们获得永恒。正像我今天还在耕种我每天要耕种的田地（他望向他的日记本）。

（伯爵夫人从外面迈着急匆匆的步子进来，穿着睡衣，生气地望着秘书）

伯爵夫人：啊……我以为，你现在总该一个人了……我有话和你说……

秘书（鞠躬）：我这就走。

托尔斯泰：祝你幸福，亲爱的弗拉基米尔·格奥尔格维奇。

伯爵夫人（房门刚刚关上）：他总是缠着你，就像藤条一样……而我，我讨厌他，他想让我离你远点，这个阴险狡诈的人。

托尔斯泰：你这样说他不公平，索菲亚。

伯爵夫人：我不要什么公平！是他插到我们中间，想让你和我还有孩子们疏远。自从他来以后，你心里就没有我了。这栋房子和你，现在属于全世界，就是不属于我们，不属于你最亲近的人。

托尔斯泰：但愿我真能如此！这也正是上帝的旨意。人应当毫无保留地归属于众人。

伯爵夫人：是啊，我就知道，这些都是他挑唆你的。这个我孩子们身边的贼！我知道，他怂恿你针对我们。所以我再也不能允许他待在这个家里，这个挑拨离间的人，我再也不想见到他。

托尔斯泰：但是索菲亚，你知道，我的工作需要他。

伯爵夫人：人有的是！（暴躁地）我无法忍受他在你身边。我不想这个人插在你我之间。

托尔斯泰：索菲亚，行行好。我求你不要激动。来，坐下，我们安静地谈谈——就像在许久以前，我们刚刚开始我们的生活时那样——你想想，索菲亚，我们能好言好语的日子所剩无几了！（伯爵夫人不安地环视了四周，颤抖地坐下）你看，索菲亚，我需要这个人——可能我需要他只是因为我在信仰上的软弱。因为，索菲亚，我并不像我期望的那么坚强。尽管每天我都能证实，世界上的各个角落有成千上万的人在追随我的信仰，但你知道，我们世俗的心总是需要切实的保障，至少要从身边的一个人身上得到那种看得见的，感觉得到的爱。或许圣人们无须帮助就能在他们的斗室内坚振，没有见证人也不会丧失勇气和信念，但是你看，索菲亚，我不是圣人——我只是个软弱而衰微的老人。所以我需要有人在身边分享我的信仰，而信仰，已经是我孤寂的晚年生活中最宝贵的东西了。我最大的幸福莫过于，如果你，我四十八年来怀着感激的心情尊敬的人，你能和我拥有共同的信仰。但是索菲亚，你从不这样认为。我灵魂中珍视的东西你从不珍爱。而我甚至担心，你仇视我的信仰。（伯爵夫人为之一振）不，索菲亚，不要误解我，我并不是在抱怨你。你给了我你能给予的一切，给了我一个世界，给予我母爱和关怀。我怎能要求你为了你灵魂中并不具备的信仰而做出牺牲。我怎能因为你不能分担我最深处的思想而怪罪你——一个人的精神生活，他的终极思想始终是他与他的上帝之间的秘密。但是你看，现在终于有一个人来，来到我家，他从前独自在西伯利亚为他的信仰受难，现在他来分享我的信仰，成为我的助手，我亲爱的客人。他帮助我，赞同我的内心世界——你为什么容不下这样一个人呢?

伯爵夫人：因为他离间我们。我无法承受，无法承受。这让我发疯，让我生病，因为我感觉到他所做的一切都是在针对我。今天又是，中午，我看见他匆忙藏起了一张纸。你们俩都不敢正视我的眼睛：无论是他还是你，包括萨沙！你们都在隐瞒我。是的，我知道，我知道，你们背着我做了什么坏事。

托尔斯泰：我希望，上帝能宽赦我，假如我在临死之时，蓄意做了什么坏事。

伯爵夫人（激动地）：那么你并不否认，你们干了什么针对我的秘密勾当……啊，你要知道，你不能在我面前像在他人面前一样说谎。

托尔斯泰（猛然起身）：我在他人面前说谎？你也这么认为，为了你的意志我在众人面前成了一个骗子。（克制地）我祈求上帝能让我不去故意撒谎。或许因为我的软弱，我从来都不能完全说出真话，但我却相信我不是个骗子。我不会欺骗他人。

伯爵夫人：那么你告诉我，你们做了什么——那是封什么信，写了什么……别再折磨我了……

托尔斯泰（走向她，非常温柔）：索菲亚·安德烈耶夫娜，不是我折磨你，而是你自己折磨你自己，因为你已不再爱我。假如你还爱我，你就会信任我——就算你不能理解我，也会信任我。索菲亚·安德烈耶夫娜，我求你回想一下：我们生活在一起已经四十八年！或许你还能在这多年间的某个被遗忘的时刻，某个你天性中的隐秘之处找到一丝你对我的爱：那么请抓住它，我求你，就像抓住一丝火花，点燃它，试着再次尽可能地爱我、信任我，温柔地待我。因为，索菲亚，你现在对待我的方式让我感到恐惧。

伯爵夫人（震惊而恼怒）：我不知道该怎么对待你。是的，你说得对，我变丑了，变得凶恶。但看到你折磨自己，不成人形，谁能承受——你与上帝同在的狂热是一种罪孽。因为罪孽，是的这就是罪孽，它傲慢、自负、不恭顺，你一心扑向上帝，寻找那对我们来说毫无意义的真理。以前，以前你像别人一样，生活得美好清醒，诚实纯粹，你有你的工作和乐趣，孩子们长大了，你也幸福地变老。但你突然变了，三十年前，你那可怕的妄想，你的信仰，让你和大家都陷入不幸。我怎么能赞同那些我至今不理解的东西。你自己擦炉子，挑水，补破靴子，这有什么意义。而世人视你为最伟大的艺术家，人们爱戴你。不，我仍不明白，为什么我们生活得清白、勤劳、简朴，安静而简单，却要对他人负罪。不，我无法理解，我真的无法理解。

托尔斯泰（特别温柔）：听着，索菲亚，这正是我要和你说的：那些我们无法彼此理解的时刻，正是我们需要仰仗爱的力量彼此信赖的时刻。对人如此，对上帝也是如此。难道你真的认为，我狂妄到不分是非？不，我只是相信，我该去践行那些痛苦地折磨我的事。做这些事不会对上帝，对人类毫无意义和价值。所以请你试着去相信那些你无法理解我的地方，索菲亚，请至少相信我追求正义的意志。这样一切都会再次好起来。

伯爵夫人（不安地）：但你得告诉我一切……你告诉我，今天你们都做了什么。

托尔斯泰（平静地）：我会告诉你一切，在我有生之年，我不想再隐瞒任何事。等谢廖莎和安德烈回来，我就当着你们大家的面告诉你们我这几天的决定。但他们回来之前，索菲亚，请不要怀疑我，跟踪我——这是我唯一诚挚的请求，索菲亚·安德烈耶夫娜，你能答应我吗？

伯爵夫人：好……好……我答应你……答应你。

托尔斯泰：我感谢你。你看，在信任和坦率中一切问题都迎刃而解！我们能这样平静而友好地交谈多好。你又温暖了我的心。因为你刚才进来的时候，脸上布满疑虑的阴霾，你的不安和仇恨让我感到陌生，和过去相比，我简直认不出现在的你。可现在你的眉头又舒展了，我又认出了你的眼睛，索菲亚·安德烈耶夫娜，你从前那双小姑娘的眼睛，善意地看着我的眼睛。时候不早了，亲爱的，你该去休息了！我衷心感谢你。（他吻了她的额头。她离开，走到门口时还激动地回头张望）

伯爵夫人：你会将一切都告诉我？一切？

托尔斯泰（再次非常平静地）：我会将一切告诉你，索菲亚。你也别忘记你的承诺。

（伯爵夫人不安地望向书桌，缓缓离去）

托尔斯泰（在房中来回踱步，之后坐在书桌旁写日记。随后又再次起身踱步，又回到书桌旁。他沉思着翻阅日记，轻声读了起来）：在索菲亚·安德烈耶夫娜面前，我竭力保持冷静。我想，我已经或多或少地让她平静下来……今天我第一次看见，在善意和爱意中，她会做出让步……啊，如果能……（他放下日记，艰难地走向隔壁，点燃烛火，又走回书房。他费力地脱了脚上那双干农活的鞋，脱下外套，熄了灯，只穿着宽大的裤子和工装上衣再次走进隔壁卧室）

（室内好一会儿都安静而昏暗。什么都没有发生，甚至连呼吸声也听不见。这时，书房的门突然被轻轻推开。有人像个小偷一样轻手轻脚地走进来，手里拿着遮光灯，一束狭长的光线照射在地板上。是伯爵夫人。她担忧地环视着四周，又贴在卧室的门上听了听，接着她似乎安下心来，走到书桌旁。遮光灯放在桌子上，在黑暗的房间中形成唯一的一圈白色光影。伯爵夫人的手在光圈中颤抖着，她先拿起桌上的日记本，开始仓皇翻阅日记，接着又小心翼翼地一个个拉开抽屉，在一堆纸张中翻弄。她什么也没找到。最后，她又颤抖地拿起遮光灯，悄悄走出去，惊慌失措得犹如一位梦游者。她刚关好门，托尔斯泰就猛地冲出卧室。这位老人气得浑身发抖，手中蜡烛的火苗跳跃着：他听见了妻子做的一切。他想去追她，已经抓住了门把，却突然猛地转身，安静而决绝地将烛台放在书桌上，走向另一扇门，小心而轻声地敲门）

托尔斯泰（轻声地）：杜杉……杜杉……

杜杉的声音（从隔壁房内传出）：是您吗？列夫·托尔斯泰？

托尔斯泰：轻点，轻点，杜杉！马上出来……

杜杉（走出房门，只穿了一半衣服）

托尔斯泰：去叫醒我的女儿亚历山德拉·利沃夫娜，叫她马上到我这儿来。接着你快速下楼去马厩，让格力果阿套好马，叫他轻点，不要惊动了家中的人。你也得轻点儿！不要穿鞋，注意不要让门发出嘎吱声。我们必须马上离开，不能再迟疑——已经没有时间了。

（杜杉迅速照办。托尔斯泰坐下来，决心已定。他再次穿上靴子和外套，之后找出一些纸，卷在一起。他的动作十分果断，有时又显得急切。他双肩颤抖着在一张纸上写下几行字）

萨沙（轻声走进来）：发生了什么，父亲？

托尔斯泰：我要走了。我决定……终于……终于下定决心。一小时前她还答应我，要信任我，可是现在，夜里三点，她却偷偷溜进我的房间翻弄所有纸张……但这样也好，非常好……这不是她的意志，是上帝的意志。我经常祈祷上帝，时候到了要灵示我—— 现在他赐予我了，我可以正当地留下她一人，她已经远离了我的灵魂。

萨沙：但是你去哪里，父亲？

托尔斯泰：我不知道，我也不想知道……随便什么地方，只要能远离这种虚伪的生活……什么地方都可以……世上有很多道路，总有一个地方有些稻草或一张床，能让一个老人安然死去。

萨沙：我陪着你……

托尔斯泰：不。你得待在家里安慰她……她会恨我……啊，她会很痛苦，这个可怜人！……而令她痛苦的人正是我……但我别无选择，我已经无法再……否则我会在这里窒息。你待在这里，直到安德烈和谢廖莎回来。之后再来找我，我先去沙玛尔蒂诺修道院与我妹妹告别，因为我感觉到，告别的时刻已经来临。

杜杉（匆忙回来）：马车已经备好。

托尔斯泰：你自己去准备一下，杜杉，藏好那几张纸……

萨沙：但是父亲，你得穿上皮大衣，夜里极冷。我马上去帮你把暖和的衣服包好……

托尔斯泰：不，不，不用了。我的上帝，我们不能再磨蹭了……我不想再等……我等待这一时刻已经等了二十六年，这个时刻……马上，杜杉……否则会有人阻止我们。拿上这些纸、日记本和笔……

萨沙：我去拿点钱来，买火车票的钱……

托尔斯泰：不，不要拿钱！我再也不要拿钱。火车上的人认识我，他们会给我一张票，其余的，上帝会帮助我。杜杉，准备好，我们走。（对萨沙）你把这封信给她：我的告别信。但愿她能原谅我！之后你写信告诉我，她是怎么承受的。

萨沙：可是父亲，我怎么写信给你？只要我在信封上写你的名字，他们马上就会知道你在哪里，并且去找你。你需要一个假名。

托尔斯泰：啊，又要说谎！总是说谎。太多的秘密总是让灵魂受辱……但你说得对……走吧，杜杉！……萨沙，照你说的办……只要你认为好……我该叫什么名字？

萨沙（思索了一会）：我的电报署名都是弗洛洛娃，而你的是托·尼古拉耶夫。

托尔斯泰（非常急切地想走）：托·尼古拉耶夫……好……好……那么保重。（他拥抱了萨沙）托·尼古拉耶夫，我应该这么称呼自己。还要说谎，还要！只是——上帝啊，但愿这是我在人间的最后一个谎言。

（他匆匆离开）

第三场

三天以后（1910年10月31日）。阿斯塔波沃的火车站候车室。右侧是一扇通往站台的玻璃门，左侧则通往站长伊万·伊万诺维奇·奥索林的休息室。候车室内，等待从丹洛夫开来的快车的乘客们有的坐在木椅上，有的围桌而坐。他们中有裹着头巾打盹的农妇，穿皮袄的小商贩，还有几位从大城市来的乘客，看上去像公务员或商人。

旅人甲（正在读报，突然说）：他这回干得漂亮！这老头干了件了不起的事！谁也想不到。

旅人乙：出什么事了？

旅人甲：列夫·托尔斯泰，他离家出走了。没人知道他去了哪里。他半夜启程，只穿了靴子和皮袄，没带行李也没有告别。他就这样走了，只有他的医生杜杉·彼得罗维奇陪着他。

旅人乙：他就这样丢下了他的老妻。这对索菲亚·安德烈耶夫娜可不妙。他今年有八十三岁了吧！谁能想到他会离家出走，他能去哪儿？你说，他能去哪儿？

旅人甲：这也是他的家人和报刊想知道的。他们现在正通过电报在全世界查询。有人说在保加利亚边境见过他，有人说在西伯利亚。但没人真正知道他在哪里。他干得好，这个老家伙！

旅人丙（年轻大学生）：你们说什么？列夫·托尔斯泰离家出走了？请把报纸给我，让我看看（他扫了一眼）哦，这样好，这样好，他终于几经踌躇做出决定。

旅人甲：为什么好？

旅人丙：因为继续过他那种违背他言论的生活是一种耻辱。

他已经被强迫着扮演伯爵太久了，阿谀奉承扼杀了他的声音。现在列夫·托尔斯泰终于自由了，他终于可以向人们说出他的心里话。感谢上帝，他会让世人知道，俄国人民中间发生了什么。是的，这位圣人终于拯救了自己，这也是俄国的幸运和福音。

旅人乙：说不定是报上编造的，根本不是真的。或许（他四下看了看是否有人在偷听，接着低语道）或许报纸上故意这么说，掩人耳目，而事实上他已经被干掉了……

旅人甲：谁会想干掉列夫·托尔斯泰……

旅人乙：他们，那些所有觉得他碍事的人。东正教教会、警察和军队，这些人都怕他。有些人已经消失了——去了国外，都这么说。但是我们知道去国外意味着什么……

旅人甲（轻声地）：也有可能……

旅人丙：不，他们没这个胆量。托尔斯泰只要说几句话，就比他们所做的一切都有力量。不，他们不敢，因为他们知道，我们会用拳头把他们揪出来。

旅人甲（紧张地）：小心啊……当心……基里尔·格里戈罗维奇来了……赶紧把报纸收起来……

（警长基里尔·格里戈罗维奇身穿制服，从通往站台的玻璃门走进来。他马上走向站长的房间，敲门）

伊万·伊万诺维奇·奥索林（站长，从房间走出，头上戴着执勤帽）：啊，是您，基里尔·格里戈罗维奇……

警长：我必须马上和您谈谈。您夫人在房内吗？

站长：在。

警长：那还是在这里吧！（对旅客们严厉地命令道）丹洛夫来的快车马上就要进站。请你们马上从候车室出去，到站台上等候。（旅客们站起身来匆忙走出去。警长转向站长）刚刚收到一份重要的密电。现在已经很清楚，列夫·托尔斯泰前晚离家出走，去了他妹妹所在的沙玛尔蒂诺修道院。种种迹象表明，他会从那里继续走。从前天开始，从沙玛尔蒂诺出发的所有方向的列车上都配备了警察。

站长：但是，基里尔·格里戈罗维奇老爷，请告诉我这一切是为了什么？列夫·托尔斯泰不是什么煽动分子。他是我们尊敬的人，一个真正的国宝，一位伟大人物。

警长：但他却比那群革命党更危险，更令人不安。再说我的差事只是监督每一辆过往的火车。莫斯科的人希望我们的监视不被察觉。所以我请你，伊万·伊万诺维奇，替我去站台监视，我这身制服谁都认得出。马上到达的列车上就会下来一位秘密警察与你接洽，告诉你他观察到的情况。我会马上报告给前方。

站长：考虑得十分周全。

（列车入口处传来进站的钟声）

警长：您和那位密探接洽绝不能引起别人注意，要像老熟人一样，知道吗？绝对不能让旅客察觉到有人在监视他们。这事干得好，只会对我们有好处。报告将直接送达彼得堡高层，说不定咱们这样的人还能得到乔治十字勋章。

（列车发出轰鸣声。站长马上走出玻璃门。几分钟后，第一批旅客下来。农民农妇们提着沉甸甸的篮子，熙熙攘攘地从玻璃

门进来。有的则坐在候车室内休息或冲茶喝）

站长（又突然冲进来。激动地朝着人群大喊）：马上离开这里！所有人！马上！……

众人（惊讶地嘟囔着）：为什么……又不是没买票……我们为什么不能待在候车室……只是等下一辆慢车。

站长（吼叫）：马上，听见没有，马上都出去！（他匆忙驱赶着众人，又急迫地走到门边打开门）这边请，请您带伯爵老爷从这儿进来！

托尔斯泰（由右侧的杜杉和左侧的女儿萨沙搀扶着迟缓地进来。他虽然穿着皮大衣，领子高高地竖起来，脖子上系着一条围巾，却仍能看得出他紧裹的整个身体都在冷得发抖。他身后有五六个人想跟进来）

站长（对后面的人）：待在外面！

众人：让我们进去……我们只想帮帮列夫·托尔斯泰……或许给他点白酒或茶……

站长（极为着急）：谁也不准进来！（他强行把那几个人推出去并赶紧将玻璃门的插销插好。但那一张张好奇的脸还是在玻璃门后张望。站长赶紧搬来一把扶手椅，放在桌边）殿下，您不想安静一下，坐一会吗？

托尔斯泰：不要叫我殿下……看在上帝的分上……不要再这样称呼我，一切都结束了。（他激动地四下张望，发现有人在玻璃门后）走开……让那些人走开……我想一个人待着，总是那么多人……我想一个人……

萨沙（赶紧走向玻璃门用大衣将门挡住）

杜杉（其间轻声对站长说）：我们必须马上扶他上床，火车上他突然发烧了，四十多摄氏度，我想，他很不舒服。这附近有房间不错的旅店吗？

站长：没有，根本没有！整个阿斯塔波沃都没有旅店。

杜杉：但他必须马上躺下。您看，他正在发烧。很危险。

站长：要是列夫·托尔斯泰愿意在我的房内休息，我当然感到非常荣幸……只是很抱歉……我的休息室非常简陋……一间公务间，又破又窄……我怎么敢让列夫·托尔斯泰在此下榻……

杜杉：这没关系。无论如何必须先让他躺下。（转向坐在桌边冷得发抖的托尔斯泰）站长先生十分好心地把他的房间让给我们。您必须马上休息，明天恢复了精神，我们就可以继续上路。

托尔斯泰：继续上路？……不，不，我想我无法再往前走了……这是我的最后一站，我已经到达终点。

杜杉（鼓励地）：您不必为发烧担心，不会有什么影响。您有点儿感冒，明天就会好起来。

托尔斯泰：我现在就感觉很好……非常非常好……只是昨晚十分可怕，我恍恍惚惚看到他们从家里追出来，他们要把我带回到那个地狱……我突然惊醒，叫起你们，完全吓坏了。之后的一路我都感到恐惧，发烧，牙齿打战……但现在，自从到了这里……但我到底在哪里？……这里我从没来过……现在我感觉很好……根本不害怕……我想，他们不会追来了。

杜杉：当然不会，当然不会。您可以安心上床了，您在这里，谁也找不到。

（两人扶托尔斯泰上床）

站长（迎向托尔斯泰）：我感到特别抱歉……我的房间实在太简陋……我唯一的房间……床恐怕也不太舒服……是张铁床……但我会把一切都安排好。我马上发电报，让下一辆火车带来一张床……

托尔斯泰：不，不，不需要别的床……我睡的床一直比别人好，好床睡得太久了！现在越是不好的床对我越好！农民们又是死在什么床上？……他们一样死得很安详……

萨沙（继续搀扶他）：走吧，父亲，躺下，你累了。

托尔斯泰（再次站住）：我不知道……我累了，你说得对，四肢发沉，我累极了，但我似乎还在期待什么……就像一个困倦的人却无法入睡，因为他还想着些即将来临的好事，他不想在睡梦中失去……奇特的是我从未有过这样的感觉……可能这就是濒死的感觉……你们知道，多年来我一直害怕死亡，怕我不能死在自己的床上，怕我像个野兽般号叫着逃走。现在，在这间房间，死神或许正在等我。而我却毫无恐惧地迎向他。

（萨沙和杜杉扶着他走到房门）

托尔斯泰（站在门边望向窗外）：这里很好。窄小，低矮，破旧……我似乎梦到过这里。一个陌生的房间，一张陌生的床，床上躺着一个……衰老而疲惫的人……等等，他叫什么，几年前我曾经写过，他叫什么来着，那个老人？……他曾经很富有，又变得十分贫穷，没人认识他，他爬到壁炉边的床上……哎，我的头，我的头脑已经不听使唤了！他叫什么来着，那个老人？……他，曾经很富有，现在身上却只有一件衬衫……他妻子折磨他，在他临死时不在他身边……是啊，是啊，我记起来了，我记起来了，我在那篇短篇小说里叫他科尔涅依·瓦西里耶夫，那个老人。而在他死去的那个夜晚，上帝唤醒了他妻子的心，她来了，玛尔法，想见他最后一面……但是她来得太晚，他已经僵硬地躺在一张陌生的床上闭上了双眼，而她不知道，她丈夫是依然怨恨她，还是已经宽恕她。她再也无法知道了，索菲亚·安德烈耶夫娜……（如同梦醒）不，她叫玛尔法……我已经糊涂了……是啊，我要躺下了。（萨沙和站长搀扶他往前走。托尔斯泰面对站长）我感谢你，陌生人。你在你的家里给了我栖身之处，你给予我的，正是野兽在森林中寻找的……上帝把我，科尔涅依·瓦西里耶夫，送到这里……（突然十分惊恐）但请把门关好，不要让任何人进来，我不想见任何人……我只想单独和上帝在一起，这样我会睡得比任何时候都更深，更香……（萨沙和杜杉陪他进了卧室，站长在他们身后小心关上门，呆立在门外）

（玻璃门外急促的敲门声。站长打开门，警长赶紧进来）

警长：他都跟您说了什么？我必须马上汇报，全部情况！他要死在这里？还要多久？

站长：他自己不知道，也没人知道。只有上帝知道。

警长：但您怎么能让他在国家的房子中留宿？这是您的工作间。您不能让给一个陌生人。

站长：列夫·托尔斯泰在我心目中不是陌生人。还没有哪个兄弟像他离我那么近。

警长：但您有义务事先请示。

站长：我请示了我的良心。

警长：那么您要对此负责。我马上去汇报……可怕，突然要负这么大的责任！要是能知道上峰对列夫·托尔斯泰的态度就好了……

站长（十分平静）：我想，真正的上峰始终对列夫·托尔斯泰满怀善意……

警长（惊讶地望着他）

（杜杉和萨沙从房间出来，小心地关上门）

警长（迅速躲开）

站长：您怎么离开伯爵老爷了？

杜杉：他十分安详——我还从未见过他的面容如此安详。他在这里终于找到了人们不曾给予他的东西：安宁。他第一次单独与上帝在一起。

站长：请您原谅我这个头脑简单的人。我感到困惑，不能理解。上帝为什么给列夫·托尔斯泰那么多苦难，他甚至要离家出走，甚至要死在我这张不体面的破床上……人们，俄国人怎么能去打扰一个如此神圣的灵魂，难道他们不能不这样对待他，如果他们敬重他，爱戴他……

杜杉：恰恰是那些爱他的人经常插在他和他的使命之间。他必须因为最亲近的人而出走。但他走得正是时候：这样死去，成就并圣化了他的一生。

站长：可是……我的心不能也不愿意理解。这个人，这个我们俄国大地上的国宝，为我们受苦，而我们却逍遥自在地消耗生命……我们该为自己的生命感到羞愧……

杜杉：请您不必为他难过，善良的好人：最后这萧索而低微的命运无损于他的伟大。假如列夫·托尔斯泰不为他人受苦，今天他就不会属于全人类。

Der Kampf um den Südpol

征战南极

队长斯科特，南纬 90 度（1912 年 1 月 16 日）

征服地球

二十世纪正俯瞰着一个毫无秘密可言的世界。所有的陆地均已被勘探，船只已抵达最遥远的海岸。那些无名之地，三十年前还微醺着无拘无束地打盹儿，如今已卑躬屈膝地为欧洲的需求服务。轮船径直驶向经过长期寻找的尼罗河源头。半个世纪前才被第一个欧洲人发现的维多利亚瀑布如今驯服地碾磨发电。最后一片荒野，亚马孙河两岸的森林，已经被砍伐得稀疏。唯一的处女地西藏，也已被解开了腰带。旧地图和地球仪上仍旧存在着专家们夸张标注的“人迹罕至之地”，但二十世纪的人类已经了解了他们生活的星球。他们探索的意志已经踏上了新的征程，向下探至深海动物，向上探至无垠的天穹。因为自从地球对尘世间的好奇者已不再神秘以来，未涉足的区域只能去天空中发现，飞机的钢铁双翼已竞相冲上云端，去征服新的高度和新的远方。

然而二十世纪的最后一个谜团仍在众目睽睽之下守护着她娇羞的容颜。地球那被撕咬和折磨的身躯上仍有两个极小的点，在回避着人类的贪得无厌。南极和北极，这两个看似空洞而毫无感性的地方是地球的脊梁。千百年来，地球以此为轴旋转着，并保护着这两块净地不被亵渎。在这最后的秘密之地，它铸造冰雪，以永恒的冬季为守卫神来抵御贪婪。严寒和风暴的围墙骄傲而凶悍地守护着入口，恐怖和危险以死亡为威胁吓走那些冒险家。人类尚未有幸瞧见这一封闭区域的面貌，甚至连太阳也只能仓促地瞥上一眼。

几十年来，探险队前仆后继，却尚无一人能成功抵达目的地。而不久前，人们才在一个不知名的地方发现了安德烈[1]的尸体。他已经在一具冰制的“水晶棺”中躺了整整三十三年。这位勇者中的勇者曾经梦想驾驶飞艇飞跃极点，却不幸一去未返。他每次的冲锋都撞击在晶莹的冰冻墙面上。几千年来直至今日，地球仍在此处遮掩着它的面貌，牢牢地成功抵御着人类探险的激情，处女般贞洁地在世上的好奇者面前护卫着它的赧颜。

但年轻的二十世纪已迫不及待地伸出它的双手。它在实验室中研制新武器，发明新式盔甲抵御危险。一切阻力都只会激起它更多的贪欲。它要了解一切真相。二十世纪想在最初的十年，就拥有之前所有世纪尚未企及的一切成就。个人的勇气与民族间的对抗携手。人们不再只身夺取极点，而是争取最先在无人涉足的区域让本国的旗帜高高飘扬：各个种族的十字军和人民开始征服伴随渴望而越发神圣的土地。地球的各个大陆都发起了新的冲击。人类已不能再等待。他们知道，极地是人类生存空间内最后的秘密之地。佩利和库克从美洲出发前往北极。另有两艘船，一艘由挪威人阿蒙森指挥，另一艘由英国人斯科特舰长率队，驶向南极。

---

1 Salomon August Andree，1897 年横越北极时遇难。

斯科特

斯科特是一位普通的英国舰长。像别的舰长一样，他的履历和花名册上记载的一模一样。服兵役期间，他受到上司的赏识，随后参加了沙克尔顿[1]的探险队。没有什么迹象显示他日后会成为一名英雄。照片上，他的脸和成千上万张英国人的脸一样，铁灰色的眼珠，紧闭的双唇，面无表情，刚毅果敢，就像他内在的能量凝固了他的肌肉。写满意志和实用主义的脸上没有一丝浪漫的线条和任何愉悦的光泽。他的字迹是某种英国字体。没有任何花饰和笔误，写得流畅而肯定。他的文风清晰准确，以事实性和无趣见长，就像一通报告。斯科特的英文和塔西佗[2]的拉丁文一样，像一块未经磨砺的方石。他给人的感觉是，他是个完全没有梦想的人，一个事实的狂热分子，一位地道的英国人。个人的天分以一种纯粹的高度履行义务的形式体现出来。斯科特已经上百次地载入了英国史册。他曾出征印度和众多无名岛屿。他曾作为殖民者到过非洲，参加过数次征战世界的战役。他总是以他的冷漠骄矜，展现他不屈的力量和集体意识。

人们完全能在斯科特行动之前就感受到他顽强的意志。他要完成沙克尔顿已经开创的事业。斯科特组建了一支探险队，却没有充足的资金，但这难不倒他。他捐出了自己的个人财产，并因

1　Shackleton，英国探险家。

2　Tacitus，古罗马历史学家。

为相信能够成功而借了贷。他年轻的妻子给他生了一个儿子——可他毫不犹豫，像赫克托耳[1]一样离开了自己的安德洛马克[2]。他很快找到了朋友和同盟。尘世间任何事情也无法动摇他的意志。一艘奇特的“新大陆号”会将他们带到冰海的边境。这艘船的奇特，在于它拥有双重装备。它的一半，是装满活着动物的诺亚方舟，另一半则是一间满载上千件仪器和上千本书籍的现代实验室。因为一个人肉体和精神上所需要的一切，都要被带到那个荒无人烟的世界中去。在这艘船上，原始人的简陋工具、兽皮、毛皮大衣和活的动物，与新时代复杂精量的装备结合在一起。而整个探险队的双重性格也像这艘船一样精彩纷呈。一次冒险，却像一桩生意般经过精密的盘算；一次大胆的行动，却极为小心谨慎地精心筹划了每一个细节，以应对防不胜防的意外。

1910年6月1日，探险队驶离英国。阳光普照在盎格鲁－萨克逊的岛国。这正是郁郁葱葱的季节，温暖和煦的阳光照耀在无雾的大地上。人们悲伤地告别海岸。所有人都知道，他们将要和阳光告别数年，或许一些人将面临永别。但船头飘扬的英国国旗却安慰他们，他们将带着这一象征世界的标志，前往已经被征服的地球上唯一一个无人占领的区域。

1 Hektor，希腊神话中的英雄。

2 Andromache，赫克托耳的妻子。

极地世界

一月份。短暂休憩后，他们登陆了极地边缘常年冰封的新西兰埃文斯角，并在那里建了一所房屋准备过冬。此处的十二月和一月被称为夏季，每年唯独在这一季节，阳光才短暂地绽放在白色金属般的天空中。房屋由木板建制，完全和早期探险队的房屋一模一样，但人们却可以在房屋内部感受到时代的进步。他们的前辈当年还使用发臭的鲸油灯，倦容满面地坐在昏暗的室内，为眼前终日不见阳光的单调景象烦恼。而二十世纪的人们已经可以在四壁内拥有整个世界，可以看见全部科学的缩影。一盏乙炔灯发着洁白温柔的光。电影放映机魔术般地演示着来自温暖地带的热情风光，远方的影像。一架自动钢琴在演奏音乐，留声机中有人缓缓歌唱。图书馆供人阅读当代的科技。一间房内，打字机嗒嗒作响，而另一间房则作为暗室冲洗电影胶片和彩色照片。一位地质学家正在用放射性仪器检测岩石标本，动物学家在捕捉企鹅身上的新寄生虫，气象观测和物理实验在交换着结果。在那昏暗的季节，每个人都忙着自己分内的工作，一种巧妙的体系将个人的研究成果变为集体的认知。因为这三十个人每晚都各自作出报告，在充满冰排和严寒的北极交流研讨。每个人都试图将个人的学科知识传授他人，并在互换知识中完善自己对世界的认识。每位成员的专业化研究非但不会令他们傲慢，反而会使他们寻求相互间的理解。三十人在一个原始而永远孤寂的世界中交换着二十世纪的最新成就。在这些成就中，他们不仅体察着时间世界的每个小时，还感受着它的分分秒秒。令人激动的是，这些严肃的人还兴致勃勃地庆祝了圣诞节，出版了一份诙谐的《南极时报》。这份幽默的报纸专门报道一些小趣事：一头鲸鱼浮出水面，一匹小矮马摔了一跤。而那些非凡的大事，比如灿烂的极光、可怕的严寒和无边的寂寞倒成了司空见惯之事。

在此期间，他们只敢外出从事一些小型活动。比如试验他们的机动雪橇，学习滑雪或训练猎犬。他们为之后的旅行建造了一座补给站。但要挨到夏季，也就是十二月，还需要极为缓慢地挨张扯下日历上的许多时间。因为只有到了夏季，船只才能穿越遍布浮冰的大海为他们捎来家书。现在，他们也会分成小组，白天行动，在严寒的冬季锻炼行军，测试各种帐篷，积累经验。并非一切都十分顺利，但恰恰是困难给了他们新的勇气。当他们身体冻僵又疲惫不堪地回到营地时，迎接他们的是热烈的欢呼和温暖的烛火。这间位于南纬七十七度的舒适小屋成了他们在经历了几天的艰辛之后，世界上最幸福的居所。

但是有一次，一支探险队却从西面带回了让整个小屋变得鸦雀无声的消息：他们在徒步中发现了阿蒙森的冬营地。斯科特立即明白，除了严寒和危险之外，还有一个人在和他争夺荣耀：阿蒙森，那个挪威人。他也想成为第一个发现难以驾驭的地球上最后一个秘密的人。斯科特在地图上反复测量着，并发现阿蒙森的位置比他们的位置距离南极更近一百一十公里。这让他震惊，却并未因此气馁。“抬起头，为了祖国的荣誉！”他骄傲地在他的日记中写道。

在他的日记中，阿蒙森这个名字虽然只出现过一次，但是人们能感觉到，自从这一天起，恐惧的阴影就笼罩了这间被冰封包围的孤单小屋。从此以后，这个名字让他日夜难安。

进军南极

距离小屋一公里的瞭望山上不时轮换着观察员。一台仪器孤单地架在斜坡上，就像一门大炮，对准看不见的敌人，测量着日益迫近的太阳光线带来的最初温度。他们整日企盼着太阳的出现。黎明般的天空中虽变换着五光十色的反光，但太阳尚未从地平线升起。但这群迫不及待的人们已经为这魔术般的光线和预兆感到兴奋。终于，山上打来电话：太阳出来了。几个月来，它终于在严寒的冬夜中绽露出一个小时。太阳光非常微弱惨淡，几乎无法让冰冷的空气活跃起来，仪器的指针在光线的摆动下也几乎不为所动，不过仅仅是一丝光线也足以让他们感到快乐。为了利用这短暂出现的阳光，探险队热火朝天地准备起来。尽管在我们的概念中，这里始终是严酷的冬季，但实际上，春天、夏天和秋天却一齐到来。自动雪橇滚滚向前，其后是西伯利亚的矮种马和爱斯基摩犬拉着雪橇。路段被事先周密地分为数段，每隔两天的路程就设置一个补给站，以便为返程的人们储备衣服、食物和在无尽严寒中浓缩的热量—— 重要的煤油。全队将一齐出发，再分组回来，为此要为最后一队那些精挑细选的挑战南极者留下最充分的物资、最健硕的驮畜和最耐用的雪橇。

计划万无一失。他们甚至对可能发生的灾难细节也作出种种考量，但依旧无济于事。两日行军后，雪橇全部无法动弹，成了无用的累赘。矮种马的状况也不尽如人意，但此刻的这些血肉之躯却比技术锻造的工具更胜一筹，因为那些中途不得不宰杀的病马成了狗的美餐并给它们增添了能量。

1911年11月1日，他们分组出发。从电影上可以看出，这支奇异的探险队由最初的三十人减至二十人、十人，最后只剩下五人，行走在荒无人烟的白色沙漠中。始终走在前面的那位用兽皮和布片将自己包裹得严严实实，只露出胡子和眼睛，活像个野人。他手牵驮着雪橇的马，手上裹着兽皮，身后是一位和他同样装束同样姿态的人，紧接着又是一位。二十个黑点在一望无际的刺眼的白色幕布上形成了一条移动的线条。夜晚，他们钻进帐篷，并在迎风的方向筑起一道雪墙，好保护马匹。第二天一早，他们又开始单调而绝望地穿越在上千年来第一次被人类呼吸的寒冷空气中。

情况越来越危急。气候依旧严酷。有时他们只能走三十公里，而不再是四十公里。自从他们知道，在这个孤寂的世界上，仍有一个看不见的敌人在从另一侧向目标挺进，每天的时间就变得格外珍贵。每件小事都可能酿成大祸。一条狗跑了，一匹马不想进食—— 所有这一切都令人惶恐，因为在荒无人烟之地，一切都变得极其珍贵，尤其是活物，更是无价之宝，不可复来。或许在一匹矮马的四蹄上系着不朽的功名，而风暴和乌云则会摧毁一项永恒的事业。与此同时，团队成员的健康状况也开始出现问题，一些人患了雪盲症，另一些人则四肢出现冻伤。矮种马因草料不断递减而越来越虚弱，终于在临近比尔德莫尔冰川时全部倒下。现在最令人伤心的任务是将这些两年来和队员们在孤寂中共同生活的朋友，这些忠诚的动物杀掉。队员们能叫出每一匹马的名字，也曾上百次温柔地爱抚它们。他们管这片伤心地叫“屠宰场”。探险队中的部分成员准备在这块血腥之地撤退返回，另一部分人则准备做最后的冲刺，越过险恶的比尔德莫尔冰川，这面只有人类意志的激情火焰才能冲破的南极用以保护自己的危险冰墙。

行军的速度越来越慢，因为这里的雪都已结冰，他们无法乘坐雪橇，只能艰难步行。坚硬的冰划破了雪橇板，脚被冰粒磨破，但他们仍没有放弃。12月30日，他们抵达了南纬八十七度，沙克尔顿到达的位置。在这里，最后的一部分人员必须返回：只有经过精挑细选的五人才能继续前往极点。斯科特必须做出决定。被淘汰的人虽不敢违命，但在接近目的地的地方返回，并出让作为第一批“南极人”的荣耀，他们内心深感沉重。但事已至此，无法更改。他们互相握了手，并试图以男子汉的坚韧掩藏内心的感情，之后告别。两小队人马，一队继续向未知的南部进军，另一队则返回北部的营地。为了多望一眼仍旧活着的朋友们，他们一再频频回首，但很快就消失在对方的视线中。五名精挑细选的实干家：斯科特、鲍尔斯、奥茨、威尔逊和埃文斯，继续孤寂地向未知之地挺进。

南极

最后几天的记录显示，他们感到愈发不安。就像罗盘上的蓝色指针一样，他们开始在南极附近颤抖。“一个身影在我们周围缓慢爬行。他从我们右侧爬到身后，再从前方爬到左侧，无止无休。”但字里行间也闪烁着希望。斯科特始终热诚地记录着走过的路途：“抵达极点尚有一百五十公里，我们快坚持不住了。”—— 也记录他们的疲惫。两天以后：“仍有一百三十七公里。但对我们来说却愈发艰难。”但突然，之后的记录又出现了一种清新的胜利者的声音：“距离极点只剩下九十四公里！即使我们尚未抵达，却已胜利在望。”1月14日，希望变得更为确凿：“只剩下七十公里了，目标就在前方！”而第二天的日记中已经能感觉到他们的喜悦，甚至极为喜悦：“只有五十公里了。我们必须前进，无论遇到什么困难！”从潦草的几行记录中，人们能感觉到他们发自内心的憧憬是多么剧烈，好似他们的每根神经都在迫不及待的渴望中颤抖。胜利就在眼前，他们的双手已经伸到了地球最后的神秘之地，只消最后一跃，就可抵达目标。

1月16日

“情绪高亢”，日记中记载道。清晨，他们比平日更早更迫不及待地从睡袋中爬出来，好尽快去观赏那个秘密，那惊人的美。接近下午时分，五人已经在荒芜的白色荒漠上兴冲冲地行走了十四公里：目标不再不可企及，人类的关键事业已接近完成。突然，五人中的鲍尔斯显得有些不安，他的眼睛几乎惊诧地注视着无垠雪地上的一个小黑点。他不敢说出自己的猜测，但所有人的心中这时都掠过一个可怕的念头：可能有人已经在此设立了路标。他们强忍着保持镇定，就像鲁滨逊在荒岛上看见陌生的脚印时徒劳地将它认作自己的脚印时一样，他们对自己说，这肯定是一道冰裂，或者是个影子。他们惊慌地走向目的地，并一再试图相互隐瞒，尽管他们都已经知道了真相：挪威人阿蒙森已经在他们之前抵达了这里。

他们最后的怀疑很快就被确凿的事实打消：雪橇板上拴着一面黑旗，周围是陌生的帐篷、雪橇和狗的残迹。阿蒙森到过这里。人类历史上最不可思议的大事已经发生。千年来人迹未至的地球极点，乃至从地球存在伊始就从未被世人亲眼所见的极点，却在这千年来分子般的瞬间，十五天内被两次发现。而他们是第二批发现者。在漫长的时间长河中迟到了一个月—— 对人类来说，第一意味着全部，而第二却意味着全无。一切努力付之东流，一切经受的困苦都显得可笑，几周、几个月、几年以来的希望都显得癫狂。“所有的艰辛，所有的忍耐，所有经受的折磨都为了什么？”斯科特在日记中写道，“只是为了现在这个已经破碎的梦。”泪水从他们眼眶中涌出。尽管他们已筋疲力尽，但那天晚上，他们还是无法入眠。就像被判刑的囚徒，他们烦闷绝望地踏上奔赴极点的最后征程，本来他们以为可以欢呼着占领它。

他们谁也没有试图安慰他人，只是沉默地继续蹒跚前行。1月18日，斯科特舰长和他的四位伙伴抵达南极。这里的一切在他眼中不再迷人，因为不再是第一批抵达这里的人，他呆滞而忧伤地看着这片伤心地。“这里没有任何可看之物，什么也没有。和近日所见难看透顶的单调景象毫无差别。”这就是罗伯特·福尔肯·斯科特对南极所做的全部描述。他们发现的唯一特殊的东西不是来自大自然，而是来自对手：阿蒙森帐篷上的挪威国旗，它放肆而喜悦地飘扬在人类夺取的堡垒上。一封征服者的信正等待着陌生的第二批抵达者，并请求他们将它寄给挪威国王哈肯。斯科特拿起这封信，并承担起这一艰巨的任务：在全世界面前，像热情地对待自己的事业一样，为一个陌生人的事业做见证。

他们忧伤地将“迟到的英国国旗”插在阿蒙森胜利的标志旁边，接着离开了“有辱他们尊严的地方”。冷风从身后吹来，斯科特心怀不祥地在日记中写道：“对于归途，我感到恐惧。”

殉难

归途险情倍增。他们在去往极点的路上只要罗盘针相伴，而现在，他们除了罗盘针，还必须在返程路上注意不能遗失自己的足迹。历时数周，不能迷失一次，否则他们将偏离存放食物、衣服和几加仑煤油的浓缩热能的补给站。当暴风雪遮住他们的视线时，每走一步，他们都深感不安，因为每次偏离都意味着走向死亡。同时，他们的肉体已失去了最初来自充足食物的能量和来自南极之家的温暖，不再精力充沛。

接着，意志力也在他们胸中涣散。超越凡尘的希望，满载全人类的好奇心和渴念，曾推动他们前进；创建不朽事业的意识，曾令他们聚集了英雄般超人的能量。现在它们不复存在，只剩下为了保全肉身，保全尘世间的生命，为了毫无荣耀地归家的奋力挣扎。或许在他们内心深处，害怕回家更甚于盼望回家。

那些天的日记记载得十分可怕。气候愈发恶劣，冬天比以往来得更早。柔软的雪渐渐变成冰，厚厚地粘在鞋底，羁绊着他们的脚步，而严寒折磨着他们本已疲惫不堪的身躯。在经历了几天的迷路和恐慌后，他们总是在重新找到补给站时庆祝一番，再次燃起短暂的希望，彼此说些激励的话。再没有什么比研究人员威尔逊在濒死边缘仍致力于科学研究和观察，将必要的十六公斤稀有岩石拖在自己的雪橇上，更能绝对地证明，这几个人在巨大的孤寂中所表现出的精神上的英雄气概。

然而人类的勇气在大自然面前渐渐消失。大自然经历千万年历练，积蓄的无情力量，正折磨着这五位探险家。严寒、霜冻、冰雪和风暴袭来。他们的脚早已冻坏，每天一顿热餐完全不能补充身体所需的能量。食物定量愈来愈少，他们的身体开始虚弱，不听使唤。有一天，同伴们震惊地发现，他们中最强壮的埃文斯精神异常。他突然停下脚步，没完没了地抱怨起真实的和他幻想中的痛苦。他们惊奇地从他奇怪的言谈中推测，这个不幸的人由于摔跤和一路上可怕的折磨已经疯了。该拿他怎么办？把他丢在这冰天雪地中？他们必须毫不迟疑地抵达下一个补给站，否则—— 斯科特的记录显示他犹豫不决。2月17日凌晨一点，这位不幸的军官去世了。那一天，他们距离“屠宰场”还有不到一天工夫。他们抵达那里后找到上个月屠宰的矮种马，吃上了丰盛的一餐。

现在赶路的只剩下四人，但等待他们的却是厄运。下一个补给站更为令人失望。所剩煤油太少，这意味着他们必须节省取暖的燃料，节省热量，这唯一对抗严寒的武器。冰冷的夜晚暴风雪交加，他们战栗着难以入眠，几乎连翻过毡靴的力气都所剩无几，但他们却依旧继续蹒跚前行。他们中的奥茨已经冻掉了脚趾。风刮得比以往更加凛冽，而当他们于3月2日抵达下一个补给站时，却陷入了更为残酷的绝望：那里储存的燃料更加少之又少。

现在，他们的恐惧已经无以言表。人们能从日记中感觉到，斯科特正极力掩饰着内心的恐慌。但他的故作镇定中却一再迸发出绝望的呐喊：“可不能再这样下去了”“上帝啊！帮助我们！我们已无法再忍受这种劳累”或者“我们即将悲惨谢幕”。而最后，他终于记下了绝望的告白：“上帝啊，救救我们吧！我们已经不再期待获得来自尘世的帮助。”不过他们依然绝望地咬紧牙关，继续前行。奥茨几乎走不动了。对他的队友来说，他已经成为负担而不是帮手。他们不得不在中午零下四十二度的情况下放慢脚步。不幸的奥茨意识到，这样下去，他会给其他人带来灾难。他们都做好了死的准备。他们每人都跟科学家威尔逊要了十片吗啡，以便在临终时快速死去。接下来的一天，他们继续尝试带着这位名人一同前进。然而这个不幸的人却渴望他们能将他留在睡袋中，将自己的命运与他人分离。他们拒绝了他的请求，尽管他们知道，那样做会减轻大家的负担。于是病人又拖着冻僵的双脚踉跄着走了几公里，抵达宿营地。他同大家一起睡到次日清晨。他们望向窗外：外面是怒吼的暴风雪。

奥茨突然站起身来。“我要出去走走。”他对朋友们说，“可能要在外面逗留一会。”于是其他人开始颤抖。每个人都知道他的话意味着什么。但他们都没有说任何阻拦他的话，也没人伸手同他握别。大家只是怀着敬畏的心情感到，英国皇家禁卫军骑兵上尉，劳伦斯·奥茨，即将像一位英雄般走向死亡。

现在只剩下三个疲惫不堪的人，吃力地拖着双脚，艰难地穿过钢铁般坚硬的广袤雪野。他们已全无力气，濒临绝望，只剩下求生的本能在推动他们前行。气候越来越让人难以忍受，每到一处补给站都更增添了他们的绝望，油太少，热量太低。3月21日，距离下一个补给站还有二十公里，但杀气腾腾的风暴却让他们无法离开帐篷。每天夜里，他们都盼望着明天能抵达目的地，而到了第二天，除了吃光了粮食，用尽了燃料，温度计显示的零下四十摄氏度也让他们最后的希望落空。所有的希望都破灭了。他们只有两种选择，冻死或者饿死。这三个人在一片白茫茫的原始世界中的一间小帐篷内与不可避免的死亡奋战了八天，3月29日，他们知道，不会再有任何奇迹降临在他们身上。于是他们决定，不再迎接厄运，而是像忍受一切不幸一样，自豪地忍受死亡。他们爬进各自的睡袋，没有以任何一丝哀叹，向世界泄露他们最后的痛苦。

遗书

此刻的斯科特上校，在孤寂地面对陌生而迫近的死神时，在狂风暴雪疯狂地撞击单薄的帐篷时，想起了和自己相关的一切。只有在这从未被人声打破的冰冷沉默中，他才能英勇地意识到他对国家，对人类的深厚情谊。在这片白色的荒漠中，精神的幻象将所有因为爱情、忠贞和友谊而与他结识的人们召唤而来，他要同他们道别—— 上校斯科特用冻僵的手指，在他行将死去的时刻，给所有活着的他深爱的人写信。

这些书信十分感人。即便出自一个濒死之人的手，也不见任何凄凄戚戚，就像这些信中渗透了这片无人居住的天空下那清冽的空气。信虽是写与某人，却是向全人类诉说。他虽然写给了一个时代，却是向着永恒表达。

他写给他的妻子。提醒她照顾好他最宝贵的遗赠，他们的儿子。他叮嘱她，最重要的是培养他坚强的意志。在成就了一番世界史上最伟大的事业之后，他竟如此坦白道："我必须强迫自己有所作为，你知道，我总是过于懒散。"在临终前，他仍对自己的决定感到自豪，而并未抱怨。"关于这次远征的一切，我该怎么和你说呢？它不知比坐在舒适的家中要好多少！"

他还怀着最诚挚的情谊写给与他共殉难的伙伴们的妻子和母亲，见证他们的英雄行为。尽管自己正面临死神，但他却以坚强、超人般的情感，为这一伟大的时刻和值得纪念的牺牲去安慰他人的亲人。

他写给他的朋友们。谈到自己时总是十分谦逊，但谈到国家却充满神圣的自豪感。作为一名称职的祖国的儿子，他在这一刻感到由衷的雀跃。“我不知道，我是否算得上一个伟大的发现者。”他写道，“但我们的结局将证明，我们的民族没有丧失耐性和英勇的精神。”由于男子汉的固执性格和他灵魂的贞操，他以一生中难以启齿的话，在此刻，对朋友们做了友谊的表白。“我一生中还从未遇到过像您一样令我钦慕和爱戴的人。”他在写给好友的信中说，“但我却从未让您知道，您的友谊对我意味着什么。您给了我太多，而我无以相报。”

最后是所有信中最精彩的一封，写给他的祖国英国。他认为他必须说明，在这场为英国争取荣耀的战斗中，他并无过错。他列举了一系列令他们遭受失败的突发事件，并以一种濒临绝境的激昂情绪恳切地呼吁所有英国人不要抛弃他们的遗属。他最后的考量仍不是他个人的命运。他并未谈及他的死亡，而是他人的生命：“看在上帝的分上，请照顾好我们的亲人！”之后便是空白纸页。

斯科特上校的日记一直写到他生命的最后一刻，记到他手指僵硬，记到笔从他手中脱落。他希望人们能从他的尸体旁找到这些日记，来证明他本人和英国人的勇气。正是这种希望，支撑他超人般的毅力，将日记写完。最后，他还用颤抖僵硬的手指记下了他的遗愿："请将这本日记交给我的妻子！"但紧接着，他又残忍而坚决地将"我的妻子"几个字划去，并补充了可怕的字眼"我的遗孀"。

回响

营地里的伙伴们已经等了几周。起初信心十足，接着稍有担忧，最终则愈发不安。他们两次派出营救的探险队，都因恶劣的气候返回。整个冬天，这些失去头领的人都在小屋中漫无目的地度过，心中弥漫着灾难的阴影。这几个月，罗伯特·斯科特上校的行动和命运被封锁在皑皑白雪和寂静的世界，封存在冰制的玻璃棺木中。直至10月29日，极地的春天，一支探险队才出发去探寻他们的消息，起码要找到英雄们的尸体。11月12日，他们抵达补给站，发现了冻死在睡袋中的英雄们，斯科特直至临终仍兄弟般地拥抱着威尔逊。他们发现了遗书、文件，并为这些悲剧英雄垒了墓。白色的世界中，一具简陋的黑十字架孤独地耸立在堆满白雪的墓顶，墓中永远地埋葬着人类历史伟业的见证人。

然而不！他们的事业不可思议地奇迹般地复活了：新时代的科技世界创造了这一辉煌的奇迹！朋友们将底片和胶卷带回家，一幅幅画面从化学试剂中显现。人们再次看到了行军途中的斯科特和他的伙伴们，看到除了另一个人，阿蒙森之外，只有他们才见到的极地风光。斯科特的话语和信件通过电缆传向为之赞叹的全世界。国家主教堂内，国王跪下身来为英雄的亡灵哀悼。看上去徒劳无功的事业再次结出硕果，遗憾的事业变为向人类的大声疾呼：将力量集中起来吧，挑战那些尚未抵达的目的地。伟大的对决中，英雄虽死犹生，失败中的意志崛起，直抵无限高峰。因为偶然的成功和轻易的胜利只能点燃人的虚荣之心，却不能获得一个人在与不可战胜的强大命运的搏击中，因为覆灭而升华的高尚心灵。这类一切时代，一切悲剧中最伟大的杰作，时常刻画于诗人笔下又千百次地在生活中诞生。

Der versiegelte Zug
封闭的列车

列宁（1917 年 4 月 9 日）

住在鞋匠家的人

瑞士的四围熊熊燃烧着世界大战的烈焰。1915年、1916年、1917年和1918年，侦探小说里才有的场景层出不穷地发生在这片和平的绿洲上。豪华旅馆中，交战国双方的使节们就像素未谋面的陌生人一样冷漠地擦身而过，尽管一年前他们还坐在一起打牌并邀约对方参加家宴。房间中倏忽出入着一群讳莫如深之人。议员、秘书、武官、商人、遮面纱或不遮面纱的女士们个个肩负着神秘使命。插着拥有赦免权的外国国旗的高级轿车驶向旅馆门廊，车上下来的是实业家、记者、艺术家和一些貌似偶尔出门的旅人，但似乎人人都怀揣着相同的任务：刺探什么或发现什么，甚至引领宾客的门童和打扫客房的女仆们也被委任去偷听或偷看。客栈、旅馆、邮局和咖啡馆中，互相摸底的人比比皆是。所谓的宣传演出无非是些间谍活动。人们相互吹捧，实则相互出卖。所有这些过客的公开交易都隐藏着两三个不可告人的目的。一切都有人汇报，一切都被人监视。无论何种身份的德国人，只要一踏入苏黎世，伯尔尼使馆的人就会收到消息，一个小时之后，消息就传到巴黎。大大小小的间谍们每天都把一些真真假假的情报递交给使馆的外交参赞，这些外交官又会继续层层上报。世上没有不透风的墙。电话被窃听，字纸篓和吸墨纸中所有的往来信函都会被复原。在这种群魔乱舞的混乱局面中，许多人甚至连自己都搞不清楚，他们的身份究竟是猎手还是猎物，是间谍还是反间谍，是告密者还是被出卖者。

然而在这段日子里，关于一个人的情报却少之又少。也许是因为这个人太不引人注目：他既不下榻高级旅馆，也不泡咖啡馆，更不出席那些宣传演出。他和他的妻子秘密隐居在一个鞋匠家中。鞋匠家位于利玛特河畔身后古老又狭窄崎岖的巷子里，一幢如同其他老城中的房子一样，结实而高耸的房子的三层楼上。房子一半因为岁月，一半因为楼下的香肠作坊，被熏得焦黑。他的邻居们是一位女面包师，一个意大利人和一位奥地利男演员。由于他总是沉默寡言，大家除了知道他是个俄国人，名字拗口之外几乎对他一无所知。房东也只是从这对夫妻寡淡的三餐和破旧的衣着中看出，他们已流亡多年，没有什么财产，也不做什么赚钱的买卖。他们搬来时的所有家当还盛不满一只竹篮。

这个结实的小个子毫不起眼，也尽量过着低调的生活。他回避与人交往。邻居们的目光几乎很少能与他眯缝的双眼中射出的深沉锐利的目光相遇。很少有客人拜访他。他每天规律地上午九点去图书馆，待到十二点图书馆关门，十二点十分准时回家，一点差十分又离开家去图书馆，成为下午的第一位读者，直至晚上六点。间谍们历来盯着那些夸夸其谈的人，殊不知独来独往、好学勤勉的人才是煽动世界革命的头等危险分子。所以间谍们从未写过关于这个住在鞋匠家的微不足道之人的报告。只是在社会主义者的圈子里，大家却都知道，此人曾在伦敦做过一份激进的俄国流亡者小报的编辑，担任过彼得堡的一个名字拼写较长的特殊党派的领袖。由于他对社会主义政党的头面人物发表过强硬而充满蔑视的言论并宣称这些人的理论有误，加之他所表现出的拒人于千里之外的态度，人们也就不大理会他。有些晚上，他会在一家无产者出没的小咖啡馆内组织会议，与会人数也不过最多十五至二十人，且大多数是年轻人，为此人们就像看待那些流亡的俄国人一样听之任之。这些流亡者只是些因为喝了太多的茶，因为无休止的争论而头脑发热而已。没有人把这个矮小而冷峻的男人放在眼里。整个苏黎世也不会超过三人，认为这个住在鞋匠家名叫弗拉基米尔·伊里奇·乌里扬诺夫的人值得被记住。要是当时某辆飞速穿梭于使馆之间的豪华轿车偶然将他撞死在街上，世人就不会再知道这个叫乌里扬诺夫或是列宁的人。

实现……

1917 年 3 月 15 日这天，苏黎世图书馆的管理员有些纳闷：时针已经指向九时，那个每天准时前来借阅的不知疲倦的读者依旧没有出现。九点半，十点，他的位子依然空着。他不会再来了。在去往图书馆的路上，他遇见了一位俄国朋友。他们攀谈的内容，或者确切地说，是俄国爆发革命的消息打乱了他的计划。

列宁先是感到震惊，无法相信。接着他疾步走向湖畔报亭，一小时一小时，一天一天，他在那里等待最新的报纸。果真确有此事。消息确凿并且愈发真实得令人振奋。最早是谣传宫廷政变，似乎更迭了一名内阁。接着传来推翻沙皇，临时政府出台的消息。来自杜马[1]会议的消息则是俄国已经自由，政治犯获得大赦—— 所有这一切列宁多年来梦寐以求，所有他二十年来在秘密组织中、在监狱中、在西伯利亚、在流亡途中为之奋斗的一切均已实现。他突然感觉到在这次战役中牺牲的千百万人的鲜血没有白流。他们没有白白牺牲。他们是为了一个新的自由之国，为了公正和永久的和平而牺牲的殉道者。现在，这个新国家已经诞生。一个平日清醒冷酷的梦想家已经心醉神迷。成百上千位聚居在日内瓦、洛桑和伯尔尼陋室中的流亡者们也因为这些令人振奋的消息欢呼雀跃：可以回到祖国俄国了！不用再使用假护照，不用再隐姓埋名，不用再冒着被判处死刑的风险回到沙皇的帝国，而是作为自由的公民，回到自由的国度！他们已经开始整理极少的行装，报纸上已经刊登了高尔基简明而有力的电报："回家！"这一消息很快被他们传遍四面八方："回家，回家！联合起来，团结起来！再次将生命投身到为之奉献的事业：俄国革命之中！"

1 Duma，俄文音译，即议会。

失望……

然而几天以后，令人错愕的结果却是，这一激动人心的消息中的俄国革命并非人们梦想中的俄国革命。它不过是英国和法国外交官策划的针对沙皇的宫廷政变，目的是阻止沙皇和德国媾和。这绝不是人民为和平与权利而奋斗的革命，不是人民为之生并乐意为之赴死的革命。它只是好战的党派、帝国主义者和将军们不愿自己的计划付之东流的一次阴谋。不久，列宁和他的同志们也认识到，让流亡者回国的许诺并不适用于那些真正激进地要进行卡尔·马克思式革命的革命者。米留可夫和其他自由派人士已经授意他们终止回国。普列汉诺夫等有利于延迟战争的社会主义者虽以体面的方式，在高级官员的陪同下从英国用鱼雷艇被护送回彼得堡，但像托洛茨基这样的激进分子却被拦阻在哈利法克斯，截留在国境线外。所有协约国边哨都有一份记录着参加过第三国际齐美尔瓦尔德会议[1]的人员黑名单。绝望中的列宁依旧不断地往彼得堡拍电报，但这些电报不是被扣留就是不予受理。虽然在苏黎世或瑞士几乎无人知道列宁，但是在俄国，他的反对者却清楚地知道，弗拉基米尔·伊里奇·列宁有多么强大，多么坚定不移，多么具有致命的杀伤力。

这些束手无策的隐居者失望至极。多年来，他们曾无数次在

1　1915年9月于瑞士齐美尔瓦尔德（Zimmerwald）村举办的全世界社会主义者的会议。

伦敦、巴黎、维也纳举行会议，规划俄国革命的战略。他们仔细考量、反复验证和彻底讨论过每项组织工作的细节。几十年来，他们在内部刊物上从理论到实际地探讨过俄国革命的困境、危情和可能性。列宁以毕生的精力不断地思索着革命的总体构架，最终成形。现在却仅仅因为被滞留在瑞士，他的革命就要被温和派践踏！这些人假借解放人民的名义为外国人效力。平时一向顽强不屈、实事求是的列宁，在这样的时刻也做起了不切实际的梦。难道不可行？租一架飞机，穿越德奥领土回家。这一计划首先招来的效劳者就是个特务。尽管如此，夺路而去的想法却越来越强烈和难以遏制地在他脑海中盘旋。他写信到瑞典，希望那里的人能帮他弄一本瑞典护照。他甚至想为避免盘问，装成哑巴。然而梦醒之后的清晨，列宁知道，这一切不过是无法实现的梦幻。他内心确信的只是：他必须回到俄国。他必须亲自去革命，而非由他人代劳。他必须去进行真正的、纯粹的革命，而非任由那些人玩弄政治。他必须尽快回去，回到俄国。不惜一切代价也要回到俄国！

取道德国：是否可行？

瑞士地处意大利、法国、德国和奥地利的环抱之中。列宁想取道协约国并不可行，而作为交战国公民，想取道德国和奥地利也不可行。荒谬之处在于：和威廉皇帝的德国打交道，对于列宁来说，成功的可能性要大于他去和米留可夫的俄国以及普安卡雷的法国打交道。因为德国无论如何都要在美国宣战前与俄国修好。对于德国人来说，一位能给英法制造麻烦的革命者无疑是个受欢迎的帮手。

迈出这一步，去与他曾在文章中千百次谴责过的威廉皇帝统治下的德国交涉，对列宁来说意味着承担巨大的后果。以迄今的道德观念看，交战期间获得敌国参谋部的批准，踏上并穿越敌国的土地，无疑是犯了叛国罪。列宁当然知道，这样做会让他在自己的党和事业面前名誉扫地。他将被质疑，被看作是德国政府收买并派到俄国的间谍。如果他提出的立即和平的纲领一旦实现，他会被当成阻碍俄国通过取胜而获得真正和平的历史罪人。毫无疑问，当列宁宣布，必要时他会走这条最危险最足以令他毁誉的道路时，不仅温和的革命者们，就连与列宁在政治上志同道合的同志们也感到震惊。他们惊愕地指出，瑞士的社会民主人士早就在为了争取把俄国的革命者通过交换战俘的合法中立方式送回去而谈判。但列宁深知，这条路何其漫长，俄国政府会刻意拖延时间直至他们的归程遥遥无期。而他更深知，每一天每一小时都事关紧要。列宁只能铤而走险，那些缺乏胆识和魄力的人根本不敢这么做，按照即成的法律和观念看，这种行为无异于背叛。他暗下决心，为了同志们能重返家园，他愿意承担一切责任，去跟德国政府交涉。

协定

正因为列宁深知他的举动会引起轰动或受到挑衅，所以他尽可能公开行事。在他的委托下，瑞士工会书记弗里茨·普拉登前去和早就与俄国的政治流亡者交涉过的德国公使接洽并递交列宁开出的条件。列宁，这个不知名的小个子就像已经预料到自己即将获得威望一样——他绝不恳求德国，而是开出条件。只有满足这些条件，流亡者才接受德国政府提供的便利：德国政府必须承认车厢的治外法权。上下火车时不得检查人员及其证件。旅客需要按照正常价格自行支付旅费。不许强令他们离车，也不许任何人擅自离车。龙贝格部长向上级汇报了这些要求，一直递交到鲁道夫将军手里，后者自然完全同意，尽管在其日后的回忆录中，鲁道夫将军对他在人生中曾经做出的这一影响世界历史的决定只字未提。德国公使曾试图改变某些条款，但列宁的文件故意写得模棱两可，使得不仅俄国人，包括同行的拉德克这样的奥地利人也可以免受检查。像列宁一样，德国政府也很着急，因为就在4月5日这一天，美利坚合众国已经宣布对德开战。

于是4月6日中午，弗里茨·普拉登收到了一则重要通知："事情如期顺利进行。"1917年4月9日，下午两点半，策林格豪夫旅店内的一小群穿着破旧、手提箱篓的人出发去往瑞士火车站。他们一行二十人，包括妇女和儿童。男人中后来为人熟知的有列宁、季诺维也夫和拉德克。他们一起吃了简单的午餐。因为从《小巴黎人报》上获悉俄国临时政府有意将他们这些取道德国的旅行者看作叛国者而一起签署了一份文件。他们的签名粗犷有力。他们宣称他们本人对此次旅行承担全部责任并接受所有的条件。就这样，他们平静坚定地准备好了这次具有世界历史意义的旅行。他们到达火车站时并未引起任何注意。没有记者出现，也没有摄影师。在瑞士，没人认识戴着皱巴巴的帽子，穿着破旧的外套和一双可笑笨重的鞋子（这双鞋他一直穿到瑞典）的乌里扬诺夫。他夹杂在一群手提箱篓的男女中毫不引人注目。上了车，他默默地在火车上找到一个座位。这些人看上去和南斯拉夫、鲁塞尼亚[1]或罗马尼亚的那些在苏黎世坐在木箱上休息几个小时后，从法国海岸远渡重洋的移民没什么区别。并不赞成这次行程的瑞士工人党没有派代表来送行，只来了几个给老家捎点生活用品、带去问候的俄国人，其中有几个还想利用这最后几分钟劝阻列宁放弃这“毫无意义又铤而走险的旅行”。然而列宁决心已定。列车员三点十分发出信号后，火车滚滚驶向德国边境戈特马丁根。这一刻起，世界的时钟改变了运行。

封闭的列车

世界大战期间发射了数百万枚具有毁灭性威力的炮弹。这些由工程师们发明的炮弹力量巨大，射程极远。但在近代史上，却

---

1 Ruthenien，今乌克兰和白俄罗斯。

没有哪一颗炮弹能像这列火车一般影响深远，性命攸关。此刻，它正载着二十世纪最危险、最坚决的革命者们驶过瑞士边境，穿越德国，前往彼得堡，并将在那里摧毁时代的秩序。这枚非凡的炮弹此刻正停靠在戈特马丁根站台。二等和三等车厢内分别坐着妇孺和男人们。地板上用一条粉笔线区分了俄国人和两名陪同这些活体炸药的德国军官的领地。列车径直穿过黑夜，只在法兰克福站时突然跑来几个德国士兵，他们听说列车上有俄国革命者，还有几个德国社会民主党人士企图和这些旅行者攀谈，但都被拒绝上车。列宁深知，在德国的土地上，他哪怕只跟一个德国人说上一句话，也会为自己招来嫌疑。到了瑞典后，他们受到热烈欢迎。他们扑向瑞典人的早餐桌，眼前的黄油和面包简直就像不可思议的奇迹。之后，列宁买了几件衣服和一双新鞋，换下了他沉重的矿工鞋。现在终于到了俄国边境。

炮弹打响

列宁抵达俄国大地后的第一个举动充分展示了他的个性：他没有去见任何人，而是首先扑向报纸。尽管在他阔别俄国的十四年间，他没有见过一眼这片土地，没有见过国旗和士兵们的制服。意志坚强的列宁并没像他人一样流泪，或像妇女们那样去拥抱深感意外和震惊的士兵们。报纸，他先要看报纸，特别是《真理报》。他要看看他的《真理报》是否坚定地维护了国际主义立场。他愤怒地揉碎了报纸。不，不够坚定。报纸上依旧充斥着“祖国”或爱国主义这些陈词滥调，依旧没有足够体现出他纯粹的革命意志。他感到此刻正是他回来扭转乾坤，将自己平生的理想付诸行动的时刻，无论他将走向胜利还是走向失败。但他能实现这一切吗？他有些不安，有些忧虑。米留可夫难道不会在这座依然称为彼得格勒的城市逮捕他吗？尽管这座城市即将易名。前来车厢内迎接他的朋友们，加米涅夫和斯大林没有回答他的问题，或者不想回答。三等车厢内昏暗的灯光照耀下，他们只是露出神秘而奇异的微笑。

但事实却做出了无声的回答。轰隆的列车徐缓驶进芬兰站，站前巨大的广场上已经挤满了成千上万名工人和携带各种武器的卫队，他们正在等候归来的流亡者。国际歌响彻广场。弗拉基米尔·伊里奇·乌里扬诺夫这时走了出来。这个前天还住在鞋匠家中的人，此刻被几百双手抓住并高举到一辆装甲车上。屋顶和碉堡上的探照灯光线集中照射在他的身上，他站在装甲车上，向人民发表了他的第一篇演说。大街小巷都在震颤。而不久就开始了“震撼世界的十天[1]”。第一枚炮弹即将打响。这枚炮弹将粉碎一个帝国，粉碎一个世界。

1　美国记者约翰·里德曾记载1917年十月革命爆发后的十天俄国发生的变化。该通讯集名为《震撼世界的十天》。

Cicero

西塞罗

一个英明智慧却不够勇敢的人，如若遇到比自己更强大的对手，最聪明的做法莫过于回避此人，不动声色地静候转机，直至前路不修自平。马库斯·图留斯·西塞罗，罗马帝国的首位人文主义者、伟大的雄辩家、法律捍卫者，三十年来致力于效忠法律，维护共和国的利益。他的演讲被载入史册，文献成为拉丁语的基石。他怒斥叛乱者卡提利纳，揭露贪赃枉法的维尔列斯，抵制常胜将军们日益肆虐的独断专行。他的著作《论共和国》成为他所处时代中理想政体的道德法典。然而，强大的对手出现了。尤利乌斯·恺撒，这个西塞罗曾作为德高望重的长者毫无顾虑提携过的人，现在一夜间率领他的高卢军团成了意大利的主人。作为一名在军团中拥有至高权力的统帅，他只是伸了伸手，就握住了安东尼在聚众面前献给他的王冠。西塞罗曾徒劳地与恺撒的独裁统治抗衡，然而恺撒的军团在越过卢比孔河时就等于越过了法律。西塞罗也曾徒劳地试图号召最后的自由捍卫者们抵抗暴政，但事实再次证明，罗马军团比言辞更强大。智勇双全的恺撒获得了彻底的胜利。假如恺撒像大部分独裁者一样报复心强烈，他可能会在凯旋后随手将固执的法律捍卫者西塞罗除掉，或至少将他驱逐出法律保护的范围之内，但相比一切军事上的胜利而言，恺撒更看重自己的慷慨大度。他不带任何羞辱意图地饶过西塞罗这位手下败将一命，唯一的要求是他必须撤离唯独属于他恺撒的政治舞台。在这个舞台上，其他人只能扮演沉默而顺服的角色。

对于智者来说，再没有什么比远离公共生活，远离政治更幸运的事情。它驱使这位思想家和艺术家走出被野蛮行径或多端诡计掌控的不体面的世界，回归到他内心坚忍磐石的不可触碰的世界当中。任何流放都会推动一位智者回归内心。西塞罗遭遇天赐厄运的时刻恰恰是他人生中最美好幸福的时刻。这位伟大的雄辩家已临近暮年，在不断的政治风暴和较量中，他很少有时间总结自己的创作。年过六旬的西塞罗在那个年代有限的空间中经历了太多尔虞我诈。他曾以坚韧的意志和卓越的智慧平步青云，斩获所有对一个外省人来说毫无机会，只能羡慕的唯独属于世袭权贵们的官职和荣耀。在公众中，他曾得到自上而下的厚爱。战胜卡提利纳后，他在元老院中的地位节节攀升，民众为他戴上花冠，他也被罗马的元老院荣称为“国父”。而另外一方面，他又不得不一夜间流亡，被同一个元老院问责，被同一群民众背弃。他失去了职务，失去了他辛劳赢得的荣耀。他曾在法庭上、在论坛上雄辩。他曾是军人，在战场上指挥罗马军团。他曾是罗马共和国的执政官，管理行政省。数百万塞斯特斯[1]经由他的手进账，再被他全部花光。他曾拥有帕拉丁山上最美的宅邸，又亲眼看着它

1　Sesterz，古罗马货币单位。

变成废墟，被敌人焚毁成瓦砾。他曾撰写过重要的论文，作过堪称经典的演讲。他曾有过子女，又失去了子女。他曾勇敢，也曾软弱。曾经一意孤行，也曾卑躬屈膝。许多人赞赏他，许多人仇恨他。他性情易变，时而不堪一击，时而又光彩照人。总之，在那个时代，他是个极富魅力又令人恼怒的人物。从马略到恺撒，四十年风云变幻间的所有事件都与他不可分割地休戚相关。没有人能像西塞罗一样经历时代的风暴，世界的历史。只有一件事，一件最重要的事，他还无暇顾及，那就是回顾他自己的一生。为了追求功名，这个忙碌的人从来都没有时间安静地深思，并总结他的知识与思想。

现在，恺撒的篡权终于使他被排除在国家事务之外，终于给了他机会，有效地处理世界上最重要的事务—— 他个人的事务。西塞罗无奈地将论坛、元老院和帝国割让给独裁者恺撒。受尽打击的西塞罗对公众事务失去了兴趣，他已听天由命：唯愿有人能去捍卫那些把角斗士的格斗和表演看得比个人的自由还重要的人民的权利。对于现在的西塞罗来说，最重要的是去寻找，去发现，去发展内心的自由。六十岁的西塞罗第一次平静地思量自己，为了向世界证明，他曾影响它并为它而活。

作为天生的文人，他只是不经意地从书籍的世界陷入了政治世界的沼泽。现在，马库斯·图留斯·西塞罗要试图遵循他的年龄，依照他内心的爱好明智地安排生活。他从喧嚣的大都会罗马搬到了图斯库鲁姆，即今天的弗拉斯卡蒂，他隐居在位处意大利最美风光中的一所庄园内。葱郁的菩提树，缓缓延伸至坎帕尼亚平原连绵起伏的丘陵上，在一片幽静中，泉水淙淙作响。在广场、论坛、战营和旅途中忙碌多年的西塞罗，这位富有创造力和思考力之人，现在终于在这片幽静中敞开心扉。罗马，那座具有诱惑力又令人疲惫的城市远在天边，然而它又近在眼前，因为时常有朋友前来同他交谈，以获得思想上的启示。阿提库斯，他亲密的朋友，或年轻的布鲁图斯，年轻的卡西乌斯，有一次甚至来了一位危险的客人——大独裁者尤利乌斯·恺撒本人！尽管罗马的朋友们不能时常在身边陪伴，但他却被另外一些美妙而永远不会令人失望，顺从而沉默的交谈者们包围：书籍。马库斯·图留斯·西塞罗在他的乡间居所中建造了一座完美的图书馆，一座取之不尽的知识蜂房。希腊贤哲们的著作，罗马编年史，以及一些法典安置其中。和这些来自不同时代，操不同语言的朋友们在一起，夜晚不会寂寞，而清晨属于工作。学识渊博的奴隶总是恭敬地等候着为西塞罗的口授作笔录。心爱的女儿图利娅为他打理膳食。教诲儿子调剂了他的日常生活并总是为他带来新的乐趣。此外，他生活中最后的智慧：六十岁的他干了一件他晚年最甜蜜的傻事——他娶了一位比自己女儿还年轻的妻子。作为生活的艺术家，他不仅要从大理石雕像和诗句中获得美，还要以最感官最魅惑的方式享受美。

如此看来，马库斯·图留斯·西塞罗终于在他六十岁时回归了自我。他更多是一位哲学家，而不再是煽动者，是作家而不再是雄辩家；他是自己悠闲的主人，而不再是繁忙的人民公仆。他不再在广场上对峙那些被收买的法官，而是在他的著作《演说家》中为后辈阐明演说艺术的真谛。同时，他还在他的著作《论老年》中自我激励道，“一位真正的智者应当在晚年学会听天由命”。他那些最优美、最和悦的书信也来自这段宁静的岁月。纵然在他遭遇巨大的打击，他心爱的女儿图利娅过世时，他仍能以哲学的艺术抚慰自己：他写出了《论慰藉》，一篇迄今仍安慰着千万和他经历同样不幸的人们的随笔。这位昔日繁忙的雄辩家变成了一位伟大的作家。后人将这一切归功于他的流亡。在这安静的三年中，他为后世留下的遗著多于过去献身于国事所荒废的三十年。

他过着哲学家的生活。每天从罗马传来的消息和信函几乎很少引起他的注意。他不再属于恺撒独裁的罗马帝国，而是成了精神王国永恒的公民。这位人间的法律导师终于明白了每一位献身于公众事业的人都必将明白的苦涩奥秘，一个人无法长久捍卫公众的自由，一个人只能捍卫其内心的自由。

马库斯·图留斯·西塞罗，这位世界公民、人文主义者、哲学家就这样度过了一个被神灵眷顾的夏天，一个硕果累累的秋天和一个意大利式的冬天。正如他自己所言：他已彻底远离尘世和政治的喧嚣。他不再关心他无须参与的博弈。他似乎完全沉醉在追逐文学成就的欲望中，唯愿成为隐蔽的文学世界的公民，而不再是那充满腐败和压迫，人人只听命于暴力的罗马共和国的公民。然而三月的某个中午，一位信使风尘仆仆，气喘吁吁地闯进他的寓所，通报了一则信息：独裁者尤利乌斯·恺撒在罗马议会上被刺杀身亡。说完，信使就扑倒在地。

西塞罗惊得脸色煞白。几周前他还和这位雅量的胜利者同桌进餐。尽管他曾站在反对者的立场上憎恨这位杰出的危险人物，也曾对他在军事上取得的胜利持怀疑的观望态度，但他内心却一直秘密地钦佩着这位唯一值得尊敬的敌人所具备的人性，他的独立精神和卓越的组织才干。在一切行凶者卑劣无耻的理由之上，难道不是由于恺撒的卓越和成就，才令他遭遇被臣子杀死的灭顶之灾？难道不也是他的天赋，威胁了罗马人的自由？他的死诚然令人惋惜，但这次谋杀行动却可能成就神圣的事业，因为只有恺撒的死才能让罗马共和国重获新生—— 他的死让崇高的理念，即自由的理念获得胜利。

这样想来，西塞罗随即战胜了内心的惊骇。事实上他连做梦也不会想到这种谋杀，更不愿看到这一阴险行径的发生。布鲁图斯和卡西乌斯事先并未向他透露过他们的行动，尽管布鲁图斯在将带血的匕首从恺撒的胸中拔出时，曾高喊他西塞罗的名字，并以此要求他这位共和国的精神领袖作为他们行动的见证人。现在，一切已无可挽回，但这一事件至少可视为对共和国有利。西塞罗意识到，跨过这具暴君的尸体是通向古老的罗马人的自由之路，而向他人指明这条路乃是他义不容辞的责任。这样的时机他不能错过。于是马库斯·图留斯·西塞罗当天就放下他的书，放下写作，放弃他作为一位文人不容进犯的安宁，匆忙赶回罗马。西塞罗要从谋杀恺撒的人手中，或从为恺撒复仇的人手中拯救共和国，这一恺撒留下的真正遗产。

在罗马，西塞罗见到了一座怅然若失又惶恐无措的城市。刺杀恺撒这一行动本身远比究竟是谁刺杀了恺撒更为重要，这在事发当时就已十分明确。这群被纠集在一起的谋反者只知道要除掉一位他们无法比拟的强者，却不知道事发后该如何应对和利用这一局面。元老们对这一行动不知该赞同还是谴责。长期习惯于被肆无忌惮地粗暴对待的民众更是吓得不敢表态。安东尼和恺撒的其他朋友们惧怕那群谋反者，正在为个人的性命担忧。而反过来，那些谋反者也害怕恺撒的同党们进行报复。

西塞罗是这片狼藉中唯一果敢之人。尽管足智多谋的他平日谨小慎微，但这一刻，他却坚定不移地站出来支持他并未参与的刺杀行动。他气宇轩昂地踏入大理石地面上仍留有恺撒血渍的庞培议事厅，在元老们面前赞誉这次除掉独裁者的行动为一次共和制思想的胜利。“我的人民，你们再次回到了自由之中！”他大声宣告，“你们，布鲁图斯和卡西乌斯，你们完成的不仅是罗马的，也是全世界最伟大的行动。”他同时提出要求，这次刺杀行动当被赋予更崇高的意义。谋反者应当强有力地握住恺撒死后被搁置的政权。他们必须迅速利用这次机会，挽救共和，重建罗马人古老的宪法。安东尼的执政官职务需被罢免，权力应由布鲁图斯和卡西乌斯接管。为了迫使独裁统治永久地让位给自由，这位法律的捍卫者在这历史性时刻首次打破了硬性的法律。

然而谋反者们却暴露了他们的无能。他们只会策划一次谋反，完成一次谋杀。他们唯一的力量是将匕首深深插入毫不设防的肉体中，之后，他们的意志力就耗尽无余。他们并没有夺权，也没有借此重建共和国，而是忙着和安东尼交涉并寻求他廉价的赦免。他们不但错失了宝贵的时机，还给了恺撒的朋友们凝聚力量的时间。西塞罗洞见了这种风险。他发觉安东尼正在准备反击，他不仅要除掉谋反者，还要消灭共和思想。于是为了强制谋反者和民众们采取坚决行动，他发出警告，积极劝说，宣传鼓动，发表演说。然而他却犯了一个具有世界历史意义的错误！他本人没有采取任何其他的行动。尽管所有的可能性都掌握在他手中。元老院已准备支持他。民众们早就盼着能有人坚定而勇敢地接过恺撒强大的手中脱落的缰绳。如果西塞罗现在紧握大权并在混乱中重建秩序，不仅不会有人反对，反而所有人都会如释重负。

自从马库斯·图留斯·西塞罗以控告卡提利纳的演说扬名以来，他热切盼望的属于他的世界历史性时刻，终于伴随3月望日[1]刺杀恺撒事件到来了。假如他懂得利用这一时机，那么我们在学校里将会学到截然不同的历史。西塞罗的名字将不仅作为显赫的作家，而且是作为共和国的拯救者，作为真实的罗马自由的守护神，在李维和普卢塔克的编年史中流芳百世。他将获得不朽的声誉：因为他不仅从独裁者手中拿下了政权，还自愿将这一权力交还给了人民。

然而历史不断上演着这样的悲剧：智者们往往因为内心肩负着巨大的责任，而在重要时刻优柔寡断。这种内心的矛盾冲突不断表现在拥有智慧和创造性的人身上：他们比别人更能认清时

1　Iden，古罗马历3月15日。

代的蠢行，他们亦卷入时代浪潮，亦会在狂热的激情中投身到政治斗争中；同时，他们又会踌躇于以暴制暴的行径。而这种犹疑和顾虑恰恰在那些要求他们铤而走险的时刻令他们丧失了行动力量。西塞罗在最初的热忱之后，清醒地观望着危险的局势。他观望着那些昨天还被他视为英雄的谋反者，发现他们不过是些无胆无识、缩手缩脚之人。他观望着民众，看到他们早已不再是古老的罗马民族英勇的子民，他曾梦想的英雄民众，而是一群只贪图利益和享乐，只想满足口腹之欲的堕落的乌合之众。头一天他们还向布鲁图斯和卡西乌斯这两个凶手欢呼，第二天就转向号召他们报仇的安东尼，而第三天，他们又拥护让人击倒恺撒雕像的多拉贝拉。西塞罗心里明白，在这座腐朽的城池中，不会再有人真诚地献身于自由的事业。所有人都追逐权力或追逐他们自身的安逸：除掉恺撒并不会妨碍他们因为贪图恺撒的财富、军团和权力去献媚、投机和互相争执。他们只会为自己，而不会为神圣的罗马人的事业谋利。

短暂热情过后的两周中，西塞罗的疑虑和厌倦与日俱增。除了他，已没有人致力于共和国的重建。人们对国家的感情，对自由的渴望已经消失无踪。他最终厌恶了这种动荡的局势。他不再对自己言辞的力量抱有幻想。他不得不面对自己的失败，不得不承认，他所扮演的调停角色已经失去威望。他承认他要么是太软弱，要么是缺乏勇气，他不能在即将发生内战时去拯救自己的祖国，而只能让祖国听从命运的安排。四月初，他离开了罗马，再次怀着失望，再次带着失败的情绪，回到他的书斋中，回到他位于那不勒斯海湾普托里的寂寞的庄园中。

这是马库斯·图留斯·西塞罗第二次远离尘嚣，回归到他的隐居生活中。他终于清楚，他作为学者、人文主义者和法律的捍卫者，从一开始就不该涉足那个权大于法，那个毫无廉耻地追逐权力，却不追逐智慧与和解的世界。他不得不悲痛地认识到，复兴古罗马人的德行在这个毫无风骨的年代不可能实现。他憧憬的那个理想中的共和国不可能存在。既然他本人无法拯救这个现实中难以驾驭的物质世界，至少他要为明智的后世拯救他自己的梦想。六十年人生中付出的辛劳和积累的知识不能彻底失去它应该获得的影响。于是，消沉的西塞罗运用自己原本就拥有的力量，在这段寂寞的日子里为后世撰写了他最后的也是他最伟大的著作《论义务》。这部著作是一部关于一个独立的、有道德的人对自己，对国家应尽的义务的教义。这是他的政治，他的道德理论。它也记载了马库斯·图留斯·西塞罗在公元前四十四年的秋天，那个在普托里的他生命中的秋天。

这部有关个人与国家关系的著作是西塞罗的遗著。著作中的措辞证明它是一部已经退位的对一切社会事务失去激情的人的遗言。《论义务》是写给他儿子的书。西塞罗直言不讳地告诉他的孩子，他并非由于漠不关心才退出公共生活，而是因为他作为一位自由思想家，作为罗马的共和主义者，为了自己的尊严和身份，不能为独裁者效力。“我曾将我的力量与智慧奉献给那个我自己选择国家管理者的国家。但自从这个国家被一手遮天的独裁者统治以来，我已经没有为社会事务服务的空间和权威。”自从元老院被架空，法院关闭以来，他还能带着自尊在元老院或在论坛上谋求什么？时至今日，服务于公众和政治已经占据了他太多时间，却从未赋予这位写作之人闲情逸致。而他也从未能将他的世界观完整地书写下来。现在，他被迫无为，但至少他可以利用时间去应验西庇阿[1]曾说过自己的那句精彩的话：“他从未无所事事，即便他处于闲暇之中。即便他独自一人，他也从未感到寂寞。”

在《论义务》这部著作中，西塞罗向儿子阐明的关于个人和国家关系的思想在许多方面都并非首创和原创。它结合了他阅读经验中学到的知识：即便是一位雄辩家也不会到了六十岁突然成为诗人，编撰家突然成为地道的原创作家。然而这部著作中的观点，却因为西塞罗那忧伤和怨愤的笔触而焕发出新的激情。在流血的内战中，在权贵们和亡命徒们为了权力而斗争的年代，这位真正具备人性的思想家再次做起一个永恒的梦来——就像在这样的年代总有人会做梦一样，他梦想以合乎道德的知识和妥协获得一个和平的世界。正义和法律应当成为国家的基石。不是那些蛊惑民心的暴君，而是内心正直的人应当得到权力，以保证国家的正义。没有任何人可以试图将他个人的意志，他的专制强加到人民头上。每个人都有义务拒绝服从试图夺权的野心家。作为坚强不屈的独立思想家，西塞罗拒绝和任何独裁者结盟或为其服务。

他论证道，暴政压制一切权利。当每个个体不是企图从公

1　Scipio，即小西庇阿，古罗马统帅。

共职务中谋取个人利益，而是将个人的欲望置之于共同体的利益之后时，真正的和谐才能得以实现。只有当财富不被奢侈地浪费，而是得到妥善的管理，以将其转化为思想、文化和艺术时，只有贵族放弃他们的傲慢，而平民不再被那些蛊惑者收买，将国家出卖给某个党派，而是要求获得天赋的权利时，国家才能健康发展。正如所有人文主义者都赞颂中庸一样，西塞罗要求社会对立阶层和谐共处。罗马既不需要苏拉和恺撒，也不需要格拉古兄弟。独裁很危险，革命者同样危险。

西塞罗的许多观点都能在柏拉图对城邦的愿景中发现，也能在让—雅克·卢梭和所有理想主义乌托邦哲学家的著作中读到。然而令人吃惊的是，这部著作却超越了时代，在公元前半个世纪就首次以文字表达了一种全新的情感，即博爱的情感。在那个野蛮残暴的年代，在那个恺撒在占领一座城池后要砍下两千俘虏的双手的年代，在那个行刑、角斗、钉十字架，大肆杀戮司空见惯的年代，唯有西塞罗反对任何形式的暴力的滥用。他谴责战争是一种兽行。他谴责自己民族的黩武主义和疯狂扩张，以及对外省的剥削。西塞罗盼望着以文化和习俗而非通过武力将其他国家融入罗马共和国。他极力反对将城市洗劫一空，甚至要求善待那些没有权利的人中最没有权利的奴隶。这在当时的罗马真是一个荒谬的要求！以先知的视野，他预见了罗马因为它迅速获取的胜利以及它只运用武力这种不健康的征服方式征服了世界而必将衰亡。苏拉挑起的国家战争的唯一目的是掠夺。正义已在国家内部消逝。一向如此，当一个民族以武力剥夺其他民族的自由时，这个民族就会在其他民族的秘密膺惩中失去它在孤寂中拥有的不可思议的力量。

正当罗马军团为了服务于帝国一时的妄想，在野心勃勃的统帅率领下向帕提亚、波斯，向日耳曼和大不列巅岛，向西班牙和马其顿挺进时，西塞罗以一己之力反对这一危险的胜利。他看到播种浴血的侵略战争，会收获更为极端的内战。这位失去权力的人性捍卫者郑重地恳请自己的儿子，将人类的共同进步奉为至高至重的理想。这位长期以来无论是好事还是坏事，都以同样出色的雄辩为其辩护的雄辩家、律师和政治家，曾为自己极力争取每一个官职，追求财富，追求在公众中的威望，追求民众喝彩的西塞罗终于在自己人生的秋天，清楚地认清了这一点。在生命即将走到终点之前，人文主义者马库斯·图留斯·西塞罗，成为首位捍卫博爱之人。

正当西塞罗以这样的方式在他隐秘的平静生活中思考国家道德时，罗马的局势已日趋动荡。元老院和民众们始终不能决定，他们该赞同对恺撒的谋杀行径，还是该将凶手流放。安东尼正在为反对布鲁图斯和卡西乌斯扩军备战。另一位出人意料的恺撒在遗嘱中指定的王位继承人屋大维也为了赢得他的遗产意外地赶回罗马。他刚到意大利，就写信给西塞罗，希望得到他的支持。同时安东尼也请求西塞罗回到罗马。同样召唤西塞罗的还有战场上的布鲁图斯和卡西乌斯。他们都希望这位伟大的雄辩家能为自己辩护，希望征求这位著名的法律导师的意见，以将自己不合法的行径变得合法。出于一种真实的直觉，他们如同历来渴望权力的政治家一样，知道在尚未掌权时，需要寻找一位思想家作为自己的智囊，而一旦事成之后，他们就会轻蔑地将这位思想家踢到一旁。假如西塞罗仍是从前那位雄心勃勃的政治家，他很可能会受此诱惑。

但现在，西塞罗却出于两种时常难于区分的心态：一半厌倦，一半明智而并未上当。他知道，对于现在的他来说，唯一要紧的事情只有一件，那就是完成他的著作，梳理自己的人生和思想。就像奥德修斯的内心拒绝听到塞壬的歌声一样，西塞罗拒绝了掌权者诱惑的呼唤。他既不遵从安东尼或屋大维，也不遵从布鲁图斯和卡西乌斯。即便是来自元老院和他朋友们的请求，他也避而不闻。他继续写作。他明白，言辞中的他比行动中的他更加强大；他独自一人时，比和那些党群在一起时更为智慧。他不断地写着他的书，同时他也预感到，这部著作将是他献给尘世的遗言。

他专注于著作直至完稿。这时他才开始注意到周遭恶劣的局势。整个国家，他的祖国已面临内战。安东尼已成功地洗劫了恺撒和寺院的钱库，他正在用这笔窃取而来的钱财招兵买马。但反对他的有三支武装军队：屋大维的军队，雷必达的军队，布鲁图斯和卡西乌斯的军队。与他们修好或斡旋为时已晚：现在必须决定，是否该由安东尼的新独裁统治罗马，还是继续共和制。此刻，每个人都必须做出抉择。即便是小心谨慎，总是寻求平衡，寻求立足于超越派别的立场或迟疑于派别之间的马库斯·图留斯·西塞罗，也不得不做出最终的抉择。

于是发生了奇特的事情。西塞罗将他的著作《论义务》交给了自己的儿子后就看淡了生死，仿佛获得了新的勇气。他知道，他的政治生涯和文学生涯均已告终。该说的话已经说尽，能再去经历的事情已经不多。他已经老了，已经完成了他的事业。他还有什么必要去捍卫他来日不多的余生？就像一头已被追赶得疲惫不堪的动物，知道身后狂吠的猎犬马上就要追上来时，会突然转身做最后的殊死搏斗，以便迅速结束这场追逐一样，西塞罗已将生死置之度外。他再次投入到战斗中，投身到危险中。几个月甚至几年以来一直拿着沉默的笔杆的西塞罗，现在再次将演说的箭石，掷向共和国的敌人。

令人震惊的一幕上演了：为了唤醒罗马民众，白发苍苍的西塞罗于十二月再次站在了元老院的讲坛上，庄严地表达了他对先辈的敬意。他以十四篇《反腓力辞》怒喝拒绝服从元老院，也拒绝服从民众的篡权者安东尼。他完全知道，手无寸铁地去反对一个正在纠集军团去战斗、去屠杀的独裁者，可能招致灾祸。然而只有自己身先士卒，才具备号召他人鼓起勇气的说服力。西塞罗意识到，在这同一个论坛上，他不能再像从前那样同他人针锋相对地唇枪舌剑，而是必须为信念赌上性命。他坚定地说："我年轻时就捍卫共和国。现在我已老迈，但我不会对共和国置之不理。假若我的死能换回国家自由的重建，我甘愿付出生命。我唯一的愿望是，我死去时，罗马人民能享有自由。如果永生的诸神能满足我的心愿，就是他们对我最大的恩赐。"现在已经没有时间再去和安东尼交涉，他坚决指出。元老院必须支持屋大维，尽管他是恺撒的亲戚，是恺撒的继承者，但是他代表了共和国的事业。现在不再关乎某人，而是关乎神圣的事业。这一正在面临最后决定性时刻的事业，就是自由的事业。在这一神圣的遗产受到威胁的时刻，任何犹豫和迟疑都非常致命。为此，和平主义者西塞罗要求共和国的军团去反对独裁者的军团，而他本人，正如他日后的学生伊拉莫斯一样，憎恶内战，超越憎恶一切。他宣布，国家已处于危急状态，他宣布驱逐安东尼。

自西塞罗不再为那些可疑的官司辩护，而是成为崇高事业的捍卫者以来，这十四篇演讲真正令他伟大的言辞熠熠生辉。“哪怕其他民族乐意生活在被奴役当中，”他向同胞们大声疾呼，“我们罗马人也不愿意。假如我们不能赢得自由，那就让我们去死！”假如国家真的已经陷入最后的苟延残喘，那么主宰世界的罗马人就应当像被征服的罗马竞技场上的斗士那样，宁可直面敌人死去，也不能任人宰割——“宁可富有尊严地死去，也不能在屈辱中偷生”。

元老院的元老们，集会的民众们都惊诧地聆听着西塞罗的《反腓力辞》。或许有人已经预感到，这将是未来几个世纪中最后的公开广场演讲。不久之后，在这里，人们只能像奴隶一样，向着罗马皇帝们的大理石雕像鞠躬致敬。在恺撒们的国度中，只有那些阿谀奉承的小人和告密者可以别有用心地交头接耳，而绝不再允许自由的言辞当众宣讲。听者们感到一阵阵战栗：一半是出于恐惧，一半是出于对这位老人的钦佩。这位带着不惧死亡的勇气，带着内心绝望的勇气的老人，独自一人，捍卫着精神独立和共和国法律。他们迟疑着赞同他。然而即便是演说的熊熊烈焰也无法燃烧如同朽木一般的罗马人的豪情。就在这位孤寂的理想主义者在广场上鼓舞众人为自由而献身时，几位罗马军团的将领却在肆无忌惮地背着他缔结罗马历史上最耻辱的协约。

正是那位屋大维，西塞罗曾赞誉他为罗马共和国的捍卫者；正是那位雷必达，西塞罗曾出于他为罗马人民立下的战功而主张为其建造雕像—— 他们曾经为了消灭篡权者安东尼而离开罗马出征在外，现在却宁愿和安东尼做一笔私人买卖。因为他们三人中无一人强大到能独自将罗马据为他们个人的战利品。屋大维不能，安东尼不能，雷必达也不能。于是这三个昔日的死敌只得纠结一处，私分恺撒的遗产，于是罗马的大恺撒一夜之间变成了三个小恺撒。

这是一个具有世界历史意义的时刻。三位既不服从元老院，也不遵从罗马民众法律的统帅联合起来，结成了三巨头，像瓜分廉价的战利品一样，瓜分了横跨三大洲的宏伟的罗马共和国。博洛尼亚附近的一座小岛上，亦即雷诺河和拉维诺河的交汇处搭建的一座营帐，三巨头将在此会晤。显然，战争英雄们彼此互不信任。为了不让对方知道自己究竟在挖苦谁，他们甚至时常在各自的言论中称对方为骗子、流氓、篡权者、国家公敌、强盗或窃贼。不过对于权力渴望者来说，重要的是权力，不是思想；是战利品，而非名誉。现在，三个搭档怀揣着各种防御措施，一个接着一个地靠近了事先约定的地点。他们先是确认了三方都没有随身携带谋害新同盟的武器，随后，这三位未来世界的统治者才互相致以微笑，走进了营帐。在这里，他们将缔结协议并形成未来的三巨头。

安东尼、屋大维和雷必达在没有见证人的情况下在帐篷内逗留了三日。他们做了三件事。第一件他们之所以紧急联合起来的要事，便是如何瓜分世界。屋大维最终得到了阿非利加和努米底亚，安东尼得到了高卢，雷必达得到了西班牙。第二件事，如何筹措他们欠下的各自军团士兵和党徒的几个月的军饷。这件事没那么令人担忧，可以通过效仿历来惯用的伎俩迅速解决。只要直接掠夺国内富人的财产并将他们除掉，以免他们怨声载道即可。于是三巨头开始围坐在一起起草一份两千名意大利富人的黑名单，即后来公之于众的驱逐者名单，其中有一百名元老。他们每个人都说出了些名字，包括他们个人的对手和敌人。新结盟的三巨头在解决了领土瓜分问题之后，又寥寥数笔彻底解决了经济问题。

现在要磋商的是第三个问题。要建立独裁，巩固政权，就必须让那些不懈地反对暴政的人闭嘴。那些人格独立的人，根深蒂固的精神自由的乌托邦捍卫者。安东尼要求在这最后一份名单上首先写下马库斯·图留斯·西塞罗的名字。他了解这个人，并毫无顾忌地说出他的名字。他比任何人都危险，因为他具备精神的力量和独立的意志，必须除掉他。

屋大维吃了一惊，拒绝了安东尼的要求。作为一个尚未完全被政治的奸刁毒害的年轻人，他还不算铁石心肠。对于以除掉意大利最著名的作家开始他的统治，他尚存疑虑。西塞罗曾忠实地为他辩护，曾在元老院和民众面前赞誉他。就在几个月前，他还曾毕恭毕敬地寻求这位老人的帮助和建议并尊称他为自己“真正的父亲”。屋大维感到羞愧，并坚持他的反对意见。出于对西塞罗发自内心的尊敬，他不能让这位显赫的拉丁语大师死于收买的凶手那卑劣的刀下。但安东尼态度强硬。他深知，思想和暴力是永恒的敌人。对于独裁者来说，没有什么人比这位语言大师更加危险。就这样，围绕西塞罗性命的争论持续了三天。最终屋大维做出了让步。罗马历史上这份最无耻的文件就这样以西塞罗的名字结束。共和国的死刑判决书以这份黑名单为准，正式生效。

西塞罗在获悉了昔日三位不共戴天的仇敌如今已结成联盟的那一刻就知道，他的处境危险。他完全清楚，他落入了海盗安东尼的手中。这个日后被莎士比亚错误地粉饰为思想家的人，实则本性卑劣，贪得无厌，残忍虚荣，毫无廉耻之心。西塞罗曾公开而不留情面地痛斥过此人，现在他不可能指望这个野蛮无情的暴君具备恺撒当年的宽宏大量。假如他还想挽救自己，他就只能迅速逃跑，这是唯一合乎逻辑的办法。他必须逃到希腊去，投奔布鲁图斯、卡西乌斯或小加图，逃到追求自由的共和制的最后阵营中。在那里，他至少可以免受已被派出的刺客的追杀，获得平安。事实上，被驱逐的西塞罗已经不止一次决心出逃。他准备好了一切，告知了他的朋友们，登船启程。然而西塞罗却总在最后关头止步——谁要是品尝过流亡生活中的绝望，谁就能体会到故土的温存，即便身陷险境，也能预知永恒的逃亡中生命的狼狈不堪！一种来自理智彼岸的神秘意志，甚至是一种对理智的反叛，强迫着西塞罗听命于等待他的厄运。他已疲惫不堪，只盼着能在他业已结束的尘世生活中再歇息几天，再安静地思考一下，再写几封信，再读几本书—— 然后，那些他命中注定的事情就可以光顾。最后的这几个月，西塞罗从一个农庄躲到另一个农庄，一旦面临危险，就再次逃亡，却从未彻底逃脱。就像卧床的发烧病人辗转反侧，西塞罗不时变换着藏身之处，却始终没有完全下定决心，是该去迎接自己的命运，还是该逃避自己的命运。他仿佛正在下意识地以这种静候死亡的方式，践行他在《论老年》中写下的生活准则："老年人既不该寻求死亡，也不该延缓死亡。他应当在死亡来临时欣然接受。对于智者而言，死亡并不悲哀。"怀着这样的心思，已经在去往西西里路上的西塞罗命令他的手下掉头驶回遍布敌人的意大利。他们回到卡伊埃塔，即今天的加埃塔登陆，那里有一座他的小庄园。他已心力交瘁，不仅是身体和精神上的疲惫，他已对生活感到厌倦。一种对死亡的和尘世的秘密乡愁侵袭着他。

他只想再呼吸一次故乡香甜的空气，和故乡告别，也和尘世告别。他只想静静地稍事休息，哪怕只有一天或一小时。一回到庄园，他就先恭敬地拜候了家园守护神，之后躺在墓穴般的卧室床上，闭上了双眼。在永久安眠之前，他还想享受一次舒缓的睡眠。他累了，已经六十四岁，航海耗尽了他的体力……可他刚躺下不久就被一名忠实的奴隶叫醒，告诉他周围出现了几个可疑的武装分子。毕生受到西塞罗恩惠的管家为了得到犒赏，泄露了西塞罗在这里逗留的消息。此时的西塞罗依旧可以逃亡，迅速逃走。轿子已经备好，家里的几个奴隶也端起了武器，准备保护他上船。只要上了船，他就能安全。但疲惫的西塞罗却拒绝了。“这又何必？”他说，“我已经对逃亡，对生活都感到厌倦。就让我死在这个我曾经拯救过的国家吧！”但奴隶们最终还是说服了他。武装好的几个奴隶抬着轿子，绕道穿过树林奔向救命的小船。可告密者却不堪自己的赏钱落空，匆忙纠集了一个头领和几个杀手，像猎人般在林中搜索，最终及时地找到了他们的猎物。手持武器的仆人们立即围住轿子，试图抵抗。西塞罗却命令他们离开。他的人生已走到尽头，何苦让眼前的年轻人和陌生人为他做出牺牲？在这最后的时刻，他惯常的迟疑、动摇和缺乏勇气的恐惧感通通消失无踪。他感觉到，作为一个罗马人，他应当在直面死亡的最后考验中证明自己的勇气。仆人们听命后退。他则束手将自己白发苍苍的头颅交付到凶手手上，并说了一句深思熟虑的话：“我一直知晓，我是个必死的凡人。”凶手们并不想听他谈论哲学，而只想得到赏钱。他们毫不迟疑，一刀将手无寸铁的西塞罗砍倒在地。

罗马自由最后的捍卫者马库斯·图留斯·西塞罗就这样离开了人世。他在生命的最后时刻表现出的无畏和坚定超越了他整个一生的表现。悲剧之后是血腥的羊人剧[1]。凶手们从安东尼下令

---

1 Satyrspiel，古希腊悲剧三部曲演出后，作为尾声上演的荒诞笑剧。

的紧迫性中揣测出这颗头颅的特殊价值——他们预知的当然不是它对精神世界和后世的价值，而是对委托行凶的人具有的特殊价值。为了毫无争议地获得犒赏，他们决定将这颗头颅作为完成任务的证据交给安东尼本人。于是匪徒头目从西塞罗的尸体上砍下他的头和双手装进了一只口袋。袋子还滴着血，他们就赶紧奔向罗马，好让这一消息博得独裁者的欢欣：最优秀的罗马共和国的捍卫者已经以最平常的方式被彻底消灭。

这个小土匪头子算计得完全准确。指使谋杀行径的大土匪头子以对他们丰厚的犒赏，兴高采烈地庆祝了这一罪行。现在，安东尼也因为他们掠夺并杀害了两千名意大利的富人而得以慷慨解囊：他为了那只装着西塞罗的头和双手的滴血的袋子，赏给了百夫长[1]一百万金光灿灿的塞斯特斯。只是这个嗜血的人依旧疯狂地仇恨着，他复仇的烈焰仍在熊熊燃烧，他还想让死者蒙受特别的羞辱。他无法想到，他的做法会让他自己蒙受后世永久的羞辱。他命人将西塞罗的头颅和双手钉在了演讲台上。在这个讲台上，西塞罗曾经为了捍卫罗马的自由呼吁人民反对安东尼。

第二天，一派卑劣的景象等待着罗马民众。在西塞罗曾经作过不朽演说的演讲台上，悬挂着这位最后的自由捍卫者的头颅。一根粗大生锈的铁钉穿过这颗曾经充满思想的头颅。他苍白的嘴唇，宣讲过拉丁语的最优美的铿锵之辞，苦涩而僵硬。他六十多年来守望着共和国的双眼紧闭着，眼睑发青。他那双曾经撰写过

1　Centurio，罗马军团中的职业军官，领导百人队，负责训练和指挥战争。

这个时代最华丽的书信的双手无力地伸摊着。

然而，在这个演讲台上，任何反对残暴、反对强权、反对践踏法律的演说家的控诉，都比不上这颗沉默的被谋杀者的头颅，对永远不义的暴力的控诉更为意义深远：惊恐的民众拥堵在被亵渎的讲台周围，沮丧、羞愧，瑟缩到一侧。没有人敢于驳斥——这就是独裁！然而他们的心却在压抑地抽搐，在被钉在十字架上的共和国的这一悲惨画面前，战栗地垂下眼帘。

Wilson versagt

威尔逊的失败

1918年12月13日，美国总统伍德罗·威尔逊乘坐巨轮“乔治·华盛顿号”驶向欧洲海岸。亘古以来，还没有过哪艘船，哪个人，像威尔逊和“华盛顿号”这样，为千百万民众怀着巨大的希望和信任所期盼。欧洲各国间的浩劫已经持续了四年。数十万风华正茂的青年人互相杀戮，惨死在机关枪和大炮、火焰喷射器和毒气下。四年间，各国间涉及彼此的文字和言论，无非是些仇恨的秽言恶语，然而所有被蛊惑的激动情绪都无法遏制人们内心的秘密之音：这一切都荒谬无比，毫无道理。它败坏了这个世纪。民众们有意无意地感觉到，人类已经倒退到遥远的尚未开化的野蛮年代。

这时从另一片大陆，从美国传来一个声音。这个声音清晰地穿越硝烟弥漫的欧洲战场大声疾呼：“永远停止战争。”永不制造纠纷。永远不再用陈旧罪恶的秘密外交，驱赶不知情、不情愿的民众去白白送死。要建立全新的更好的世界秩序。要“建立以民众赞同和人类有组织的意见支持为基础的法制”。令人震惊的是所有欧洲国家，一切说不同语言的民众都马上理解了这一呼吁。昨天还在为争夺领土和边界，为争夺矿产、资源和油田而无谓地征战，今天就突然袭来了一个崇高的、近乎神圣的声音：建立永久和平。建立法制和人道的弥赛亚之国。看来上百万人的生命没有白白付出，鲜血没有白流。一代人的受难似乎只是为了苦难不再降临人间。于是几十万上百万民众怀着绝对的信任狂热地响应着这个男人的呼声。他，威尔逊，将缔造战胜国与战败国之间的和解，缔造正义的和平。他，威尔逊，是另一个摩西，将迷途的各国带向新联盟的欢宴。几周之后，伍德罗·威尔逊的名字便具备了宗教般的、救世主般的力量。人们以他的名字命名街道、楼宇和子女。所有感到自己处于危急，受到歧视的人们都委派代表去求见他；来自五大洲的建议、求助和请愿信装满了成千上万口箱子，而有些箱子甚至被运到了驶向欧洲的轮船上。整个欧洲，整个世界一致要求这个男人，这个他们最后争端的仲裁官，来实现他们梦寐以求的和解。

威尔逊无法抵御这样的呼应。他在美国的朋友们劝阻他不要出席巴黎和会。作为美利坚合众国的总统，他有义务留在本国，宁可远程领导谈判。但伍德罗·威尔逊不能被说服，因为对他来说，即便是合众国总统这样的最高职务也不能和他要去完成的使命相提并论。他不是要为一个国家、一片大洲服务，他要为全人类服务。他不仅要为此刻，亦要为更好的未来效力。他不愿目光短浅地仅仅代表美国的利益，而是以全人类的共同益处为出发点。因为“利益的博弈不会凝聚人类，只会离间人类”。他认为他必须谨慎地守望，以免军事家和外交家们再次掀起狂热的民族情绪。对于这些凶险的职业来说，人类的和解就是他们的丧钟。

他必须亲自担当担保人，以迫使和会代表的言辞出于人民的意志而非出于领袖的意志。而这次和会，这次人类最终的最彻底的一次和会上所有的发言，都应当开诚布公地在世界面前宣讲。

威尔逊怀着这样的心绪站在轮船上，眺望雾霭中的欧洲海岸。它看上去既隐约又模糊，就像他心中的梦想。他梦想着未来民族之间能拥有手足般的情谊。他站得笔直。他是个身材魁梧的男人，面容坚毅，眼镜片后的一双眼睛锐利而清澈。亚美利加和盎格鲁式[1]的下巴微微前凸，丰满的嘴唇紧锁。作为基督教长老会牧师的儿子和孙子，他和他的父亲、祖父一样严肃而狭促。对于他们来说，世间唯一的真理就是他们所知道的真理。他身上既有虔诚的苏格兰和爱尔兰祖先的炽热情怀，又有着基督教加尔文派的奋发热情。信仰赋予这位领袖和教师[2]一种拯救罪孽深重的人类的使命。基督教殉道者和被视为异端的教徒们，为了信仰宁愿遭受火刑也不愿背弃《圣经》的执着始终影响着他。对于他这样一位学者和民主主义者来说，“人性”“人类”“自由”“和平”“人权”这些概念绝非冰冷的字眼。它们对他的父辈来说是福音，对他来说亦不是思想或抽象的概念，而是像他的祖先捍卫基督信仰一样，要去逐字逐句捍卫的宗教信条。他已为此斗争多时，而这一次，正如他眼前的欧洲大陆已愈发明朗一样，他感到这一次的斗争将是决定性的斗争。“无论我们达成一致，还是出

1 威尔逊的先辈来自北爱尔兰和苏格兰。

2 威尔逊曾在普林斯顿大学任教。

现分歧，我们都要为新秩序而奋斗。”他这样想着，不由绷紧了浑身的力量。

不过很快，他严厉远眺的目光就柔和了起来。礼炮和旗帜已经在布雷斯特港口等待迎接他。他知道，这是按照规矩向盟国总统表达的敬意。但岸上那热烈的欢呼声却绝不是事先安排或组织好的迎接，而是全体民众如火般的热情流露。在法国，他乘火车经过的每个村落、每个农庄、每幢房子中都有人向他挥舞旗帜，就像挥舞着希望的火焰。千百双手伸向他，不绝于耳的呼喊声围绕他。当他乘车穿过香榭丽舍大街驶入巴黎时，街道两侧热情的人潮比肩接踵。巴黎人民，法国人民是欧洲各国人民的象征。他们叫喊、欢呼，他们将希望寄托在威尔逊身上。他已经越来越放松，脸上流露出自由、幸福、几乎陶醉般的微笑。他微笑着露出牙齿，向左右两侧的人潮挥舞他的帽子，就像对所有人致意，向全世界致意。是啊！他做得对，亲自前来。唯有活跃的意志才能战胜刻板的规则。难道不能、难道不该为了永恒的后世，为了全人类，创造一座如此幸福的城市，一个如此充满希望的人类社会吗？一夜的安静和歇息后，他将于明日开始，为这个世界梦寐了千年的和平事业而奔波，这一伟大的事业是尘世间每个人都想完成的事业。

焦急的记者们拥堵在法国政府为威尔逊安排下榻的宫殿前，拥堵在外交部走廊和位于克里荣大饭店的美国代表团总部里，形成了一支庞大的队伍。每个国家，每座城市都派来了自己的通讯记者，光北美就来了一百五十人。他们全部要求出席会议，出席所有会议！因为官方已经明确承诺了会议向全世界“完全公开”。他们听说这次和会将没有任何秘密，不会产生任何秘密协议。“十四条原则”的第一条就清清楚楚地写道：“公开的和平条约，公开地缔结。缔结后不得产生任何形式的秘密国际谅解。”秘密协议这种瘟疫所吞噬的生命比其他任何时疫都多。它必须被威尔逊的“公开外交”这一血清彻底清除。

然而记者们失望地发现，他们的热情遭遇了令人尴尬的搪塞。他们被告知，他们可以参加大会并将会议记录——实则是将与会者针锋相对时的内容做了消毒处理的记录——全部公之于众。但是会议伊始尚不能提供任何信息，因为谈判流程首先要确定下来。失望的记者们隐约感觉到事情有些蹊跷。的确，发布消息的人没有完全说谎。威尔逊在“四巨头[1]”关于谈判流程的首次磋商中就感受到来自其他协约国的阻力：他们不愿意公开一切谈判，为此他们有一个很好的理由：所有参战国的文件夹和公文柜里都放着秘密条约，这些条约用于保障他们得到各自的赃物和战利品。这种肮脏的见不得人的勾当，他们或许只能在告解室中坦白。为了巴黎和会不至于刚一开始就丑闻连篇，有些事情必须先闭门磋商。事实上他们不仅在谈判流程上无法达成一致，他们之间还存在着更深的矛盾。两派的立场虽说一清二楚：美国是左

1 指美国总统威尔逊、法国总统克里孟梭、英国首相劳合·乔治和意大利首相奥兰多。

派，欧洲是右派，但在这次会议上，他们不是要缔结和平条约，而是要缔结两种截然不同的和平条约。一种和平是眼下的一时的和平。战败国德国已经放下武器，要缔结结束战争的和平。另一种和平是未来无战事的永久和平。一种以陈旧的强硬方式达成，另一种则以威尔逊提出的全新的建立国际联盟的方式获取。究竟哪一种和平应当首先磋商？

双方在这一点上，观点针锋相对。威尔逊对一时的和平兴趣不大。确定边界，战争损失赔偿应当由专业人士和委员会以“十四条原则”中的内容为基础做出决定。这是一个小工作，次要工作，是专家们的工作。而各国政治首脑的任务则但愿是、也应该是创造新事物，实现一种改变，亦即联合各国，建立永久和平。双方都认为自己的意见急需讨论。欧洲成员国正色警告，四年战争后满目疮痍的世界无法数月之久等待和平，否则欧洲局势将混乱不堪。最现实的事情是首先解决边界和赔偿问题。稳定货币，恢复贸易和交通。让官兵们放下武器，回到他们的妻子和孩子身边。之后再让威尔逊计划的海市蜃楼在已经稳固的大地上绽放光芒。正如威尔逊心中对眼下的和平不感兴趣一样，克里孟梭、劳合·乔治和索尼诺[1]这些精明的战略家和实践家对威尔逊的要求也相当不以为然。他们出于政治上的考量，或部分出于对威尔逊的尊敬和好感，才对他的人道主义要求和理想表示赞同。因为他们能感觉到，一套不谋私利的论调对他们的国民具有的魅惑力和

---

1 Sonnino，时任意大利外相。

说服力。为此他们愿意通过某种删减或限制条款的方式来讨论他的计划。但首先应该以缔结与德国的合约的方式来结束战争，接着再谈国际联盟。

可是威尔逊也是个绝对的实践家。他深知拖延足以使一个生机勃勃的构想变得倦怠苍白，也知道该如何排除那些耽搁时间的令人生厌的质疑——仅仅拥有献身精神的人不会成为美国总统。他毫不屈服地坚持自己的立场：必须首先制定盟约。他甚至要求将盟约逐字逐句地写进与德国签署的和平协定。这一要求势必促成第二个冲突。对于欧洲成员国来说，将人道主义盟约写进与罪恶的战争元凶德国签订的协议中，无异于给了他们一笔他们不配得到的奖金。入侵比利时时，他们曾野蛮地践踏了国际法；霍夫曼将军还在波兰的布列斯特—立托夫斯克的谈判中动用拳头，这些肆无忌惮的暴行都是卑劣的例证。他们要求，还是先用旧式硬币来清算战争赔偿，之后再谈论那套新理论。田野依旧荒芜一片，城市仍旧遍布残垣断壁。为了让威尔逊切身体会到这点，他们一再请求威尔逊亲自去看看。可是威尔逊这个“不切实际的人”却故意无视那片废墟。在他眼中，残破的楼宇就是建筑工地。他只有一个任务：废除旧秩序，建立新秩序。尽管他的顾问蓝辛和豪斯上校反对，他依旧毫不妥协地坚持他的要求，先制定国际联盟盟约，先讨论全人类事务，接着再说各国的利益。

斗争十分激烈——最致命的是它浪费了许多时间。伍德罗·威尔逊灾难性的失败在于他并没有将他的梦想事先定稿明确下来。他所带来的盟约计划并未最终成形，只是初稿，仍需经过多次会议讨论、修改、润色、补充或删减。此外出于外交礼仪，他还必须在拜访巴黎后去拜访其他盟国的首都。威尔逊要去伦敦，要在曼彻斯特演讲，之后前往罗马。由于他无法出席会议，其他政治家也就没有真正的兴趣和热情去推进他的计划。巴黎和会第一次全体会议之前的一个多月就这样浪费了。在这一个月中，志愿军和正规军随机在匈牙利、罗马尼亚、波兰、巴尔干半岛和达尔马提亚的边境发起了多起冲突。维也纳的食品短缺日趋严重。俄国令人担忧的局势日益严峻。

1 月 18 日的首次全体会议理论上确立了国际联盟盟约作为总体和平条约的组成部分。只是盟约文件始终没有定稿，始终处在无休止的商讨中。文稿从一人手中传到另一个人手中，从一个政府转给另一个政府。就这样，时间又过去了一个月。这一个月的欧洲极为动荡不安。它愈来愈急切地渴望获得真正的实际意义的和平。1919 年 2 月 14 日，停战后的第三个月，威尔逊终于递交了日后在巴黎和会上通过的盟约条款定稿。

世界再次为他欢呼。威尔逊的主张获得了胜利。未来的和平不再需要通过武器和暴力来保障，而是通过达成共识，通过对至高无上的公正的共同信仰来保障。离开他下榻的宫殿时，他被一片暴风雨般的欢呼声包围。他再次，也是最后一次带着自豪而充满感激的微笑环视了拥挤在他四周的民众。他感到这些民众背后还有其他民众，这灾难深重的一代人背后是未来的世世代代，他们将由于这份和平保障协议而永远不再遭受战争的摧残，永远不再遭受独裁政权带来的屈辱。这是他生命中最伟大的一天，也是他最后幸运的一天。因为第二天，2月15日，他就断送了自己的胜利。为了在重返巴黎签署最终的停战条约前先向美国的选民和同胞们呈上永久和平的“大宪章[1]”，他过早地离开了他取得胜利的战场，返回了美国。

礼炮再次在“乔治·华盛顿号”驶离布雷斯特港口时齐鸣。只是欢送的人群已经稀稀拉拉，似乎此事已无关紧要。原先那种巨大的激情已在民众中渐渐消退，切盼救世主的心情也逐渐消失。就算在纽约，等待他的也不再是热烈的接待。没有盘旋在归乡轮船上的飞机，也没有风暴般的欢呼声。而在他的白宫办公室、在参议院、在国会、在他自己的党内、在民众中他也遭到质疑。欧洲因为威尔逊没有足够地推进而不满意，美国却因为威尔逊走得太远而不满意。对于欧洲来说，威尔逊还远远没有实现将互相抵触的各种利益结合为伟大而普遍的人类共同利益的目标。而在美国，他的政敌们已经在为下届总统选举宣称，威尔逊毫无道理地在政治上将美洲新大陆和不安定又反复无常的欧洲过分紧密地结合起来，违背了美国的基本国策，违背了门罗主义[2]。人们急切地提醒伍德罗·威尔逊，他不必成为一个未来的梦想之国的奠基人。他不该为别国思虑过多，而应当首先为那些出于他们个人意志选举他为美国总统的美国人着想。于是威尔逊不仅被欧

1　Magna Charta，指国际联盟盟约。

2　Monrödoktrin，1823年由美国总统门罗提出，口号是“美洲是美洲人的美洲”。

洲的谈判搞得筋疲力尽，还要开始与党内人士和政治劲敌较量。他不得不首先为他建造的令他自豪的、在他看来神圣而不容进犯的国际联盟大厦着想，为它的后门补嵌上一道墙。因为这个后门的危险在于，美国可能随时从国际联盟中撤离。假如美国撤离，这座威尔逊设计的永久性大厦的基石就会出现缺口，而这个缺口是招致大厦坍塌的致命缺口。

纵使威尔逊在欧洲和美国通过修订和限制条约贯彻了他的新人类宪章，他也只是取得了一半的胜利。为了履行另一半使命，他必须重返欧洲。此时，再次驶向布雷斯特港的“乔治·华盛顿号”上的威尔逊已不再像当初那样自信而踌躇满志。他眺望海岸的目光不再充满希望。由于短短几周内令人更为失望的局面，他苍老了不少，疲惫不堪。他的脸绷得更紧，表情严峻，紧闭的双唇流露出愤懑。左颊时常抽搐，预兆着积聚在他体内的疾病。陪同医生赶紧提醒他爱惜身体。但他知道，他正面临一场新的硬仗。贯彻他的原则比拟定原则更为艰难。但他已下定决心，决不牺牲任何一条纲领。要么全有，要么全无。要么永久和平，要么永无宁日。

港口已没有欢呼的人群。巴黎的街道上也没有欢呼的人群。新闻报道持冷淡和观望的态度。民众谨慎而充满怀疑。歌德的话似乎再次应验：“热情无法腌藏多年。”威尔逊没有及时在有利的时刻趁热打铁，而是任由他那理想主义的欧洲方案渐渐僵化。他离开巴黎的一个月内一切都改变了。劳合·乔治在他离开后便即刻向大会告假，克里孟梭在一起政治暗杀中中枪，两周无法工作。政治头目们争相挤进各委员会的议会大厅，谋取个人利益。而战争期间首当其冲从事过最危险勾当的高级军官们，曾明目张胆地用训词和决断肆意跋扈地让人俯首帖耳的元帅和将军们，此刻不可能心甘情愿地退出历史舞台。联盟盟约规定废除他们的权力工具—— 军队，要求“废除强制征兵以及任何形式的普遍强制征兵”，这已经威胁到他们的生存。这一抹杀他们职业意义的“永久和平”论调必须要么被消灭，要么将它逼进死胡同。他们威胁要求以扩充军备取代威尔逊倡导的裁减军备，要求重新划分边界并得到国际间的保证，而不是像威尔逊说的那样寻求超越国界的解决方案。国家的富强不是靠十四条不切实际的原则，而是靠武装自己的军队，解除敌人的武装来实现。这群军国主义者的背后还有一群企图保障自己的军工企业正常运转的工业集团代表和打算在战胜国赔偿中捞取利益的中间商。外交官们左右为难，各反对党都想为自己的国家多赢得一片土地而暗中要挟他们。他们只好派人诱导多方舆论，使得所有的欧洲报纸都协同美国媒体，所有的语言都齐声报道：威尔逊以他不切实际的幻想延缓了欧洲和平的到来。他那值得称道的充满理想主义精神的乌托邦，妨碍了欧洲的稳固。现在不能再出于对他道义上的感激或出于超越道义的敬重而继续浪费时间。假如不立即缔结和平条约，欧洲将陷入一片混乱。

不幸的是这些指责不无道理。时间在欧洲民众和在为了未来的世世代代做打算的威尔逊眼中，具有完全不同的度量方式。对于实现威尔逊的千秋大梦来说，四五个月并不算长。但这几个月却足以让东欧各路来路不明的势力组成的志愿军四处征战，占领领土。接壤区域混乱不堪，边境城市不知归谁所属。停战四个月后的德国和奥匈帝国代表团仍无人接待。边界尚未划清使得民众焦虑不安。政治局势转变的征兆清晰表明，明天是匈牙利，后天就是德国，他们都会出于绝望，将自己托付给布尔什维克。外交官们急迫地要见到结果，要见到一纸合约，无论是否公正，先要扫清阻碍签订合约路上的一切障碍：而第一个障碍就是不幸的国际联盟盟约！

威尔逊回到巴黎的第一时间，就有充足的证据向他证明，他三个月前创建的一切，在他缺席的一个月间已经遭到暗中破坏，面临瓦解。福熙[1]元帅几乎已经成功地将国际联盟盟约从和平条约中删除。威尔逊在这一决定性时刻下定决心，绝不后退一步。3月15日，回到巴黎的第二天，他就通过报刊正式宣布：1月25日的会议决议依旧有效。国际联盟盟约是和平条约的基本条约。这一澄清首次还击了那些试图不以盟约为基础，而是以旧式秘密合约为基础与德国签署条约的盟国。威尔逊总统现在完全清楚，正是那些曾经郑重其事地发誓要尊重民族自决权的几个大国妄图牟利。法国要得到德国的萨尔地区和莱茵地区。意大利要得到阜姆[2]和达尔马提亚[3]。罗马尼亚、波兰和捷克斯洛伐克都想得到

1　Foch，时任法国元帅。

2　Fiume，克罗地亚最大海港。

3　Dalmatien，克罗地亚的一个地区。

属于自己的战利品。假如威尔逊不加以反驳，巴黎和会将再次以拿破仑、塔列朗[1]和梅特涅[2]的曾经遭到公开谴责的方式，而不是按照他的被巴黎和会郑重通过的原则缔结和约。

激烈的斗争持续了十四天。威尔逊本人不同意法国兼并萨尔地区。因为在他看来，这是破坏“民族自决权”等众多前提权利的第一个先例。而意大利认为自己和法国的要求一致，以退出巴黎和会相逼。法国报刊疯狂地跟着煽风点火：布尔什维克主义将从匈牙利开始迅猛蔓延。协约国也提出论证，宣称布尔什维克主义将很快殃及全世界。就连威尔逊的顾问豪斯上校和罗伯特·蓝辛也开始反对。甚至连他从前的朋友们也奉劝他鉴于当前的混乱局面趁早缔结和平条约，哪怕牺牲几个理想主义的要求。威尔逊的面前横着一条统一战线，而他背后则是美国政敌和竞选对手们煽动公共舆论的猛烈攻击。威尔逊时常感到心力交瘁。他向一个朋友坦白，他已寡不敌众并已下定决心，假如他无法实现他的意志，他将退出巴黎和会。

在这场他单独面对众多敌人的战斗正在进行时，威尔逊又遭到了最后一个敌人——来自他身体内部的敌人的袭击。1919年4月3日，正当残酷的现实和尚未实现的理想处于决定性的交锋时刻，六十三岁的威尔逊因为流感而无法起身，必须卧床休息。时间比他滚烫的血液更加猛烈地催逼着病人无法安歇。各种灾难性政治

1 Talleyrand，法国外交家。

2 Metternich，奥地利外交大臣和首相。

讯息犹如闪电般不时掠过愁云密布的天空。1919年4月5日，巴伐利亚建立了社会主义政权。苏维埃共和国在慕尼黑成立。奥地利位处布尔什维克的巴伐利亚和布尔什维克的匈牙利之间，陷入饥荒，随时都可能决定加入苏维埃共和国的行列。反对之声的不断上扬将威尔逊置身于独自一人承担责任的重压之下，众人已经直逼到疲惫不堪的威尔逊的卧榻，克里孟梭、劳合·乔治和豪斯上校就在他隔壁的房间激烈磋商。他们下定决心，不惜一切代价也要让现实尘埃落定。这个代价就是牺牲威尔逊的要求和理想。所有人的一致诉求是，他的“持久和平论”必须先搁置一边，因为它阻碍了欧洲得到切实的和平、军事上的和平和利益上的和平。

威尔逊疲惫、困倦，病魔缠身。报刊攻击他，指责他延缓了和平的到来。顾问们的离弃令他愤怒。其他国家的代表纠缠不休。但他仍未动摇信念。他认为他不能食言。他认为只有达成非军事和平、持久和平和未来和平上的共识，只有当他为唯一能够拯救欧洲的“世界秩序”鞠躬尽瘁时，他才能获得真正的和平。刚能起床，他就采取了决定性措施。1919 年 4 月 7 日，他给华盛顿海军部发了一份电报：“乔治·华盛顿号最早何时能出发前往布雷斯特港。大约何时抵达。总统期待该轮船早日起航。”当天，全世界就得到这一消息，威尔逊总统命令他的轮船前往欧洲，他有可能乘船返美。

这一消息犹如一声惊雷。整个世界马上清楚地获悉：威尔逊总统将拒绝任何违背国际联盟盟约原则的和平，哪怕只是稍有违背。他已下定决心，宁可退出巴黎和会，披露真相，也不会做出任何让步。一个具有世界历史意义的时刻到了。这一时刻将决定未来几十年甚至几百年的欧洲命运，世界命运。假如威尔逊从和会的谈判桌上愤然离去，旧的世界秩序就会崩溃，陷入混乱，尽管混乱中也可能诞生新星。此刻的欧洲一片焦灼：和会的其他成员国会承担这一责任，还是由威尔逊本人承担责任？决定性的时刻到了。

决定性的时刻到了。这一刻，伍德罗·威尔逊依旧意志坚决。绝不妥协，绝不迁就。不要强制的和平，而要公正的和平。法国人不得兼并萨尔，意大利人也不能兼并阜姆。不能分裂土耳其，亦不能拿各民族的利益做交易。正义重于强权，理想重于现实，未来重于当下。正义必须一往无前，哪怕世界为之毁灭。这一刻是威尔逊的伟大时刻，是威尔逊在人类历史中的伟大时刻：假如他能经受住这一刻的考验，他就能成就空前的事业，他的名字就会在那些为数不多的真正的人间同盟的内心永存。

然而紧跟着这一关键时刻的一周中，威尔逊却遭遇了来自四面八方的攻击。法国、英国和意大利的媒体指责他这位和平缔造者，以理论的、神学的顽固不化破坏了和平。他为了个人的乌托邦而牺牲现实的世界。就连本来将一切希望寄托在威尔逊身上的德国，也因为巴伐利亚爆发布尔什维克主义造成的慌乱而掉头反对他。他的同僚豪斯上校和蓝辛恳求他放弃决定。国务秘书图马尔蒂几天前还从华盛顿致电鼓励："唯有总统无畏的举动，欧洲乃至世界才能得救。"可是当总统真正采取无畏的举动时，图马尔蒂却惊恐地再次从同一座城市致电："撤离巴黎和会极不明智，有可能为国内外带来危险……总统应该让那些应该承担责任的人去承担中断巴黎和会的责任……此时撤离或被视为逃兵。"

绝望，失望。蜂拥而至的反对意见令威尔逊感到迷茫。他环视四周，已经没有一个人站在他身边。和会大厅内的所有人都反对他。就连他自己的参谋部也没有人支持他。那千百万曾经从远方恳求他挺住，恳求他坚持到底的声音已经消失无踪。威尔逊不得而知，假如他真的像他所威胁的那样拂袖而去，他是否能名留千古。是否他只有保持信念，将他对未来的理念作为可以不断创新的基石，才能为后世留下毫无瑕疵的遗产。威尔逊无法预知这些贪得无厌、充满仇恨，缺乏理智的大国口中的"不"，能诞生出什么独创性的力量。他只感到孑然一身，软弱到无法承担中断和会的责任。于是他渐渐顺从下来，态度不再强硬——他的改变将带来灾难性的后果。由豪斯上校搭桥，双方做出让步。边界磋商来回持续了八天，终于在4月15日，人类历史上暗淡的一天达成了协议。威尔逊心情沉重、良心不安地同意了克里孟梭明显淡化的军事诉求：萨尔并非永久移交法国，而是仅仅十五年归法国所有。迄今毫不妥协的局面中的第一个妥协就此诞生。第二天，巴黎各报像被施以法术般：昨天还谩骂威尔逊是和平的干扰者、世界的破坏者，今天就将他奉为最有智慧的政治家。这些赞美像谴责一般焚烧着威尔逊的灵魂。他知道，他或许拯救了和平，暂时的和平，但是以精神上的和解去缔造持久和平，去缔造唯一能拯救世界的和平的良机已经错失，或者这一事业已经前功尽弃。

荒谬战胜了思想，狂热战胜了理智。世界退化到超越时代的理念成为众矢之的的地步。而他这个领袖和旗手，在这个针对他本人的决定性战役中已经彻底失败。

在决定命运的时刻，威尔逊的选择究竟是正确的还是错误的？谁能评说？至少在这一无法挽回的历史性时刻产生了一个影响后来几十年乃至几百年的决定。而这个决定的过失，我们要以热血和绝望，以我们渺小的不安来偿还。从这一天起，威尔逊的威望、力量，他在那个时代所具备的独一无二的道德权威渐渐破碎。人只要让步一次，就会不断让步。一次妥协势必导致一连串新的妥协。

欺诈招致欺诈，暴力滋生暴力。威尔逊梦想的和平，是绝对而持久的和平。而现实的和平则依旧是原先不彻底的和平，不完美的产物。因为这种和平不关照未来，不出于人道精神，并非人类理性的结晶。历史中绝无仅有的一次机遇，或许是关乎人类命运的生死攸关的时刻，悲哀地付之东流。失去神性、令人失望的世界再次陷入混乱混沌。那位归乡的、曾经要为世人带来光明的美国总统，已不再被视为救世主，而只是个疲惫患病，濒临死亡的男人。欢呼声不再陪伴他，挥舞的旗帜不再迎接他。轮船驶离欧洲海岸时，这个失败的男人转过身去。他拒绝再多看一眼我们命运多舛，千年来渴望和平统一，却从未实现的欧洲。一个人道世界的永恒梦想，消散在远方的雾霭中。

（全书完）

译后记

本书是奥地利杰出的作家斯蒂芬·茨威格（1881—1942）以诗人和艺术家的笔触，于1912年至1940年间创作的十四篇历史特写（Vierzehn historische Miniaturen）。

“Miniatur”（译为“特写”）这一概念源自绘画，意为细微画、小品画。它指专绘于面积颇小的物品之上的工笔画，尤指书籍上的小品工笔画。“特写”也用于音乐中。音乐家以随笔或速写的方式，谱写一时的心绪或留住一个特别瞬间。文学中，“特写”意为篇幅相对短小的短故事，中篇小说，轶事，残篇，微型小说，超短小说，闪小说或俳句。它是一种象形的绘画般的书写，以词汇为材料，将事件和场景绘制成画面。[1]

《人类群星闪耀时》中的十四篇历史特写，十四幅历史微观画，尊崇真相，以茨威格渊博的学识，完全个人的独特视野创作而成。每篇特写虽篇幅精短，但情绪强烈，把握了真实的历史事件中决定命运、惊心动魄的关键时刻、巅峰时刻，施展了完整、巨大而浓缩的诗意和戏剧性力量。无论是追逐一种不存在的历史

1　参《中央德华大辞典》《杜登德语大辞典》和维基百科。

原态，还是试图在历史——这一迷人的玩笑中收获嗟叹和预言，跟随茨威格的创作，读者不难在一幅幅独立精悍、醒目绚烂的历史画作中获得启示和满足。以一系列的模进，每篇特写都以独特的风格，实现了历史事件的节奏生气。为此，在作者和读者共同的呼吸和心跳间，历史得以活灵活现，并在阅读和想象中浮现眼前。此外，人道主义者茨威格还以他的激情、悲悯，以他对悲剧英雄命运的高度关注、共情、怜惜，表达他对造物主的敬畏，对人在有限生命中具备的神性，迸发的创造力的肯定以及对人间正义价值的遵照和捍卫。

我想谦卑地隐匿自己，在一座精妙的历史博物馆中默默保护一种安宁与完整；不站在一幅画作和一位观赏者中间，也不打扰历史有力地附身于作者笔端时，与读者的一次对视。

感谢读者的宽宏大量。感谢编辑和出版人。

姜乙

2019 年 3 月于北京

斯蒂芬·茨威格

Stefan Zweig（1881—1942）

奥地利作家、剧作家和诗人

作品涉及诗、短论、小说、戏剧和人物传记等体裁

尤以中短篇小说和人物传记见长

被誉为“历史上最好的传记作家”

代表作品：

《人类群星闪耀时》《昨日的世界》

《陌生女人的来信》《象棋的故事》《三大师》

人类群星闪耀时

作者 _ [奥] 斯蒂芬 · 茨威格　译者 _ 姜乙

产品经理 _ 殷梦奇 张晓意　装帧设计 _ 董歆昱　产品总监 _ 应凡
技术编辑 _ 顾逸飞　责任印制 _ 梁拥军　出品人 _ 吴畏

营销团队 _ 毛婷 阮班欢 孙烨 施明喆

果麦
www.guomai.cc

以 微 小 的 力 量 推 动 文 明

图书在版编目（CIP）数据

人类群星闪耀时 / (奥) 斯蒂芬 · 茨威格著 ; 姜乙译. -- 南京 : 江苏凤凰文艺出版社, 2022.11

ISBN 978-7-5594-7002-7

Ⅰ. ①人… Ⅱ. ①斯… ②姜… Ⅲ. ①历史人物 – 列传 – 世界 Ⅳ. ①K811

中国版本图书馆CIP数据核字(2022)第124463号

人类群星闪耀时

［奥］斯蒂芬 · 茨威格 著　姜乙 译

出 版 人	张在健
责任编辑	白　涵
特约编辑	殷梦奇　张晓意
出版发行	江苏凤凰文艺出版社
	南京市中央路165 号，邮编：210009
网　　址	http://www.jswenyi.com
印　　刷	河北鹏润印刷有限公司
开　　本	1230 毫米 × 880 毫米　1/32
印　　张	9
字　　数	185千字
版　　次	2022 年11月第1版
印　　次	2022 年11月第1次印刷
印　　数	1 — 30, 000
书　　号	ISBN 978-7-5594-7002-7
定　　价	49.00 元